Highly
Sensitive
Person

鈍感な世界に生きる敏感な人たち

イルセ・サン
Ilse Sand
枇谷玲子 訳

Discover

HSP 自己診断テスト

あなたはどれぐらい敏感でしょう？

全部で48項目の質問があります。
各質問項目に、点数を入れてください。

0 点：当てはまらない
1 点：ほとんど当てはまらない
2 点：少し当てはまる
3 点：ほぼ当てはまる
4 点：完全に当てはまる

グ　ル　ー　プ　A

1 美しい音楽を聴くと、興奮する

2 日々、どんな失敗が起こりうるか予測して対応策を考えることに、多くの労力を費やしている

3 新たな可能性や選択肢に気づくのが得意だ

4 すぐにインスピレーションを受けて、よいアイデアをたくさん思いつく

5　この世には耳で聞き、目で見るよりも
たくさんのものがあると知っている

6　痛みを感じやすい

7　ほかの人にとってはささいに思えることにさえ、
打ちのめされてしまうことがある

8　毎日、1人でいる時間が必要だ

9　1人になって休憩する時間がないまま
他人とずっと2、3時間以上も一緒にいなくてはならないと、疲れ果ててしまうことがよくある

10　緊迫した空気が流れていると、
その場から離れたくなる

11　誰かの怒りを感じると
たとえ自分に向けられていなくても、ストレスになる

12　ほかの人の痛みが、
自分の神経の奥深くに入り込んでくる

13　不愉快な驚きや誤解を避けるために、
いろいろと手を尽くす

14　創造力がある

15　時々、芸術作品を観ていて、
喜びで胸がいっぱいになることがある

16　大量の情報や刺激にすぐに耐えられなくなってしまう（とくに一度に複数のことをしているときには、他の人と比べて、わずかな刺激でも反応しやすくなってしまう。たとえば、ネットで情報を検索しているときに、話しかけられるのはストレスになる）

17 遊園地・ショッピングセンター・スポーツイベントといった非常に刺激の多いところに行くのが好きではない □

18 テレビなどで暴力シーンを観ると、その後何日間も影響されてしまう □

19 ほかの人よりも、考えることに時間を使う □

20 動物や植物の状態を感知するのが得意 □

21 美しい自然を見ると、心のなかが歓喜の声でいっぱいになる □

22 常にアンテナを張っていて、周囲の人がどんな気持ちでいるか察知することができる □

23 良心が痛んで後ろめたい気持ちになったり罪悪感を抱きやすい □

24 仕事中に誰かに監督されていると、ストレスを感じる □

25 真実が何かを見抜くのがうまく、ほかの人の欺瞞にもすぐ気づく □

26 すぐにびっくりしてしまう □

27 強いつながりを持ち、深く交流できる □

28 ほかの人たちが不快に思わないような音も、ひどくいら立たしく思えることがある □

29 勘がよい □

30 1人の時間を楽しめる

31 流れに任せて即座に行動することはめったになく、
たいていの場合、よく考えてから動く

32 大きな音・強烈なにおい・鋭い光を
ひどく不快に思うことがある

33 ときどき、穏やかに落ち着いたところで
休憩する必要がある

34 お腹が空いたり、寒いと感じたりしたとき、そのこと
がなかなか頭から離れない

35 涙もろい

グループA　合計　点

グループB

36 事前準備なしに、新しい体験に飛び込むのが好きだ

37 相手の裏をかいて、自分の言い分を通せると、
満足な気分になる

38 社交の場で疲れることはない
(席を外して1人になって休憩をとることもなく、
雰囲気がよければ、朝から晩まで楽しめる)

39 サバイバルなキャンプが好き

40 プレッシャーを感じながら働くのが好き

41 うまくいっていない人は、
その人自身に責任がある場合が多いと思う

42 自分のまわりで何が起きていようと
影響されることなく、エネルギッシュでいられる

43 パーティーでは、いつも自分は最後の方に帰る

44 心配しすぎることはめったになく、
いつも冷静に対処できる

45 週末は、友人たちとコテージなどで過ごすのが好きで、
途中、輪から抜けて1人になる時間は特に必要ない

46 友人や知り合いが突然やって来る
サプライズ訪問が大好きだ

47 あまり寝なくても大丈夫だ

48 花火や爆竹が好きだ

グループ B

合計

点

グループAの合計からグループBの合計を引いてください。これがあなたの感受性の値です。

グループ A　合計　　点　－　**グループ B**　合計　　点　＝　**HSP度**　　点

値が60以上なら、ＨＳＰである可能性があります。

この値はマイナス52～プラス140の間の数字になるはずです。

数字が大きければ大きいほど、敏感ということです。

例）
たとえば、グループAの質問（1～35）にすべて1と答えた場合、合計は35点になります。次に、グループBの質問（36～48）にすべて2と答えたなら、合計は26点になります。
35点（グループA）－26点（グループB）＝9点
感受性の値は、9点です。

このテストは完全ではないと思っておいてください。

テスト結果がその人の性質をすべて十分に表すわけではありません。包括しきれていない面がたくさんあるはずです。またテストを受けた日の気分によって結果は変わってきます。

このテストは、あくまで、自分の敏感さを知るためのヒントであり、それ以上には受け止めないでください。

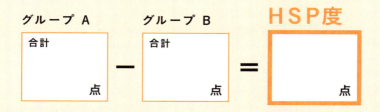

はじめに

長年、デンマークで多くのＨＳＰをカウンセリングし、自身もＨＳＰである著者より

この本は、「とても敏感な人」（ＨＳＰ：Highly Sensitive Person）ならびに程度の差はあれ繊細な心の持ち主である人々に向けて書かれたものです。家族にＨＳＰがいる人や、繊細な心の持ち主を同僚や部下に持つ人、医師やカウンセラーとしてＨＳＰの診療を行っている人にも読んでいただければと思います。

ＨＳＰである私は長年、牧師として、また心理療法士として、多くのＨＳＰの人々と対話してきました。そのなかで私は、ＨＳＰの特徴を知ることが、ＨＳＰ本人の助けになると実感しました。またＨＳＰ向けの講座や講演を行うなかで、ＨＳＰ同士がお互いの体験やそれを通して得た知識を共有することが、とても有益であるとわかりました。

このようにして、ＨＳＰの人たちが自身の繊細さを受け入れ、自信を取り戻し、ありのままの自分でいる勇気を持つのを、何度も目にしてきました。同じようにこの本によって、ＨＳＰの皆さんを勇気づけることができれば、これほど嬉しいことはありません。

本書では、ＨＳＰの特徴や傾向を挙げていますが、一口にＨＳＰと言っても、人それぞれですので、当てはまるものもあれば、当てはまらないものもあるでしょう。理論的すぎる、または自分には当てはまらないと思える章があれば、読み飛ばしていただいて構いません。

巻頭には、デンマークで新たに開発したＨＳＰの自己診断テストを用意しました。ＨＳＰが喜びや幸せを味わうためのヒントになるよう、アイデアリストも巻末に収めました。自分を鼓舞し、意欲を駆り立てる方法や、刺激を受けすぎたときに、心を落ち着かせる方法を紹介しています。

強調しておきたいのは、繊細であることや敏感すぎることは、必ずしも制約になるだけではないということです。それらは新たな可能性をも、もたらします。

私は長らく制約の面にばかり目を奪われてきました。講座を行ったときなどは、参加者に、「私は、内面に意識を集中しなくてはならないタイプだから、休憩時間になったら休ませてほしいの」とお願いしなくてはならず、自分には忍耐力がないのだと残念に思ってきました。（この願いは大いに尊重してもらえましたし、講座が終わった後、「私も同じです。オープンに話してくれて嬉しかったです」などと言いに来てくれる参加者もいました）

しかし、HSPであることが、不利なだけじゃなく、有利なこともたくさんあると気づきました。私自身、クリエイティビティにあふれていて、講座のアイデアやインスピレーションに事欠いたことは一度もありません。多くの人が、私の講座や講演に参加してくれるのはそのためでしょう。

敏感な人の多くは、自己評価が低いのです。HSPの人たちは、自分とはまったく異なるタイプの行動が評価される文化で生きてきました。HSPのなかには、ほかの人たちから期待される通りの元気なキャラクターでいようと苦心し続け、本来のマイペースでおとなしい自分の性格を受け入れられたのは、年金生活に入ってから、などという人もいます。

子どもの頃、心配ばかりするのはやめて、もう少しタフになって、ほかの多くの人と同じものを好きになるよう言われたことはありませんか。だとしたら、ありのままの自分とは違う人間になるように押し付けられてきたのですから、敏感な心を持つ人が自分のことをなかなか愛せないのも無理はありません。ひょっとして、ほかの人の期待に応えるために、自分を180度変えようとしてはいないでしょうか。もしそうなら、あなたはありのままの自分に価値を見いだせるようになる必要があります。

その第一歩として、自分のことを「量」でなく「質」で評価するようにしましょう。HSPは行動の質が高いので、ほかの人と同じようにたくさんのことができなくてもいいのです。量で劣っているのなら、質で取り返せばいいのです。

前述のとおり、私は長年、他人と比べて自分は未熟だと恥じてきました。でも、できないことばかりに目を向けず、恵まれている点に注目するべきでした。

あなたもきっと自分ができないことばかり気にしてしまった経験があるでしょう。人が目を奪われやすいのは、まさにできないことなのです。あなたは長時間、「オン」ではいられないかもしれません。そのことにまずあなた自身が気づきます。そして、周囲の人もそのことに気がついて、たとえばパーティなどではこう尋ねるでしょう。「もう帰るの?」と。たとえ短時間しかその場にいられなかったとしても、タフな人たちが一晩かけて経験するのと同じくらい濃密な時間を過ごしていたかもしれないという事実には、人々はなかなか目がいきません。

私はこの本が、HSPやそのほかの繊細な心の持ち主たちが、自分の長所や可能性に、より注目できるようになるための後押しになることを願っています。

カール・グスタフ・ユングはこう言っています。

「敏感すぎることは、しばしば人格を豊かにしてくれます。(中略)困難で不慣れな事態に陥ったときには、突然の作用により、穏やかな思慮深さが乱され、その長所がしばしば大きな欠点になります。敏感すぎる人の人格には病的要素が見られるととらえるのは、大きな誤りです。もしその解釈が正しければ、人類のおよそ4分の1が病に冒されていることになります」

追記

本書『ELSK DIG SELV（原著タイトル）』は第2版を出すことができました。私が今この文を書いている現在、4刷まで出されています。本作のスウェーデン語版も出版され、収録されている自己診断テストは、スカンジナビア中で行われ、評判になりました。

第2版には、同じ分野の調査について、新たに加筆しました。さらに参考文献リストも最新版に差し替えました。また怒りについて一部削除しました。削除した内容は、私の別の著書、『感情の迷路で新たな道を見つけよう』（原題Find nye veje i følelsernes labyrint、未邦訳）に収録されています。削った分、新たな数個の項目を加えることができました。

デンマーク、ヴィボー市にて

イルセ・サン

鈍感な世界に生きる　敏感な人たち◎目次

第1章 鈍感な世界に生きる「敏感な人」とは

第2章 「敏感な人」が抱えやすい心の問題

第3章 「鈍感な人たち」とうまく付きあうには

第4章 「敏感な自分」とうまく付きあうには

photo : MaraZe/Shutterstock.com

第1章
鈍感な世界に生きる「敏感な人」とは

5人に1人がHSP（とても敏感な人）

世の中のおよそ5人に1人がHSP（Highly Sensitive Person：とても敏感な人）だといわれています。

HSPは、決して病気ではありません。HSPという概念は、アメリカの心理学者でセラピストのエレイン・アーロンによって、1996年に提唱されたもので、人を男性と女性というように性別で2つに分けるように、とても敏感なタイプ（HSP）と、タフなタイプの2つに分けただけのことです（ちなみにこれは人間のみに当てはまる話ではありません。ほかの高等動物も同じです）。しかし、この分類は性別の違いよりも隔たりがあるように思えるかもしれません。

ＨＳＰは不当に低い評価を受けてきた

「とても敏感」という言葉は、時代に応じて、「抑圧されている」「心配性」「恥ずかしがり屋／シャイ」「神経症」――さらに悪しきことに、私が子どもの頃は「悪い神経の持ち主」などの言葉で言い表されてきました。

たしかに今の社会では、ＨＳＰに典型的な〝控えめで物静かにゆっくり物事を熟慮するタイプ〟よりも、外向的でタフな人たちのほうが、「健康的で価値がある」と見なされる傾向があります。実際、タフなタイプの人のほうがエネルギッシュで、チャンスをものにしやすいのも事実です。

こうした考えは心理学の世界でも浸透しています。心理学では、人間の性格を分析するのに、５つの指標――神経症傾向・外向性・開放性・誠実性・調和性――が用いられています。

外向性というのは以下のような言葉で表現されます。――「温かい」「人との交流を求める」「支配的」「活動的」「刺激を求める」「肯定的な感情」。ではいったい内向性というのは、どのように言い表されるのでしょうか？（「外向性がない」というのは、なしですよ！）

このようにして人格を言い表す方法を確立したのは、恐らく外向的でタフな人たちでしょう。この指標では内向的な人や敏感な人によく見られる〝豊かな内面世界〟や〝深く物事を考える力がある〟といった長所が見落とされてしまっています。*（*HSPのなかにも外向的な人は30％ほどいるとされていますが、その特徴は、内向的な人と一致している部分も多くあります）

それぞれの人格が、時代や文化を背景にどのように描写され、評価されるかは、個々人に大きな影響をもたらすでしょう。

これでは、内向的な人や敏感な人の多くが、自尊心の低さに苦しんでいるのも無理はありません。これまでと異なる新しい見方を示してくれたエレイン・アーロンに感謝したいと思います。

エレインによると、HSPは、より恐怖を感じたりするだけでなく、ほかの人よりも喜びを深く感じ、特別な才能を持つグループに属するとされています。自分自身が知らなかった新たな個性に気づくことができるかもしれません。

良好な環境下であれば、高い能力を発揮できる

ただし、「とても敏感」というのは、新たに発見された性質ではありません。単にそれまで「内向的」などと別の呼び方をされていただけです。エレイン・アーロンも「ＨＳＰのうち、30％もの人が社交的であると発見するまでは、『内向的』なのと、『とても敏感』なのはイコールだと思っていた」と述べています。

とても敏感という性質は、前述のとおり、「抑圧されている」「心配性」「恥ずかしがり屋／シャイ」「神経症」といった言葉で片づけられてきました。しかし、これらの言葉は感受性の強い人たちが、慣れない環境で十分なサポートを得ることができなかったり、不安を感じてしまった場合に現れる特徴を示したものでしかありません。

エレインは、ＨＳＰとはさまざまな特徴が複雑に合わさった人たちである、としています。たとえば、「良心的」「創造的」「インスピレーションを得やすい」「影響を受けやすい」「感情移入しやすい」など。これらの特徴は、人生に不都合をもたらすお

それがありますが、その反対に、創造力や共感力、親しみなどを生む源にもなりえます。平穏な環境ではほかの人より幸福を感じやすいということは見過ごされてしまっているのです。

その証拠に、HSPは環境が整っていない状況下では困難に見舞われますが、一方で、適切な環境下では、HSPでない人たちよりも、その環境を楽しめるということが研究で裏付けられています。

ある研究で、困難な状況下でほかの子よりも強い*反応を示した子（＝感受性の強い子）は、ストレスフルな環境下では、ほかの子よりも病気にかかりやすく、事故にあいやすいことがわかりました。（*心拍数と免疫反応により判断）ところが、これらの子どもたちは通常の環境下では、ほかの子どもよりも病気にかかりにくく、事故にあいにくいのです。（Boyceほか、1995年）

エレインは、大人のHSPの脳をfMRIで撮り、刺激に対する反応を研究しました。（彼女の研究結果は、2014年に国際的な科学雑誌『Brain and Behavior』で公式発表されました）

18人の人たちに、嬉しそうにしている人の顔写真と悲しそうにしている人の顔写真を見せながら、ｆＭＲＩを撮り、その結果、ミラー・ニューロン・システム*を含む、共感を司る脳の領域がほかの被験者よりもＨＳＰのほうがより活発なことがわかりました。（＊ミラー・ニューロン・システム：まるで相手の感情を鏡に映したかのように、ほかの人の感情が自分自身の感情であるかのような反応を示す脳内システムであるとみられています）ＨＳＰはほかの人よりも、人の感情に――ポジティブなものも、ネガティブなものも――影響されやすいのです。実験では、知らない人の写真だけでなく、被験者の配偶者の写真も使われ、ＨＳＰに最も大きな反応が見られたのは、配偶者が笑っている写真を見たときでした。

ｆＭＲＩスキャナーの検査代が非常に高額だったため、エレインは18人しか実験できませんでした。しかし、被験者の数は多くなかったものの、この結果は重要なことを物語っていると私は確信しています。

この実験の結果は、私自身が見てきたＨＳＰに見られる特徴とかなり一致しているのです。特に、配偶者が嬉しそうにしているのを見たとき、ＨＳＰの脳に最も大きな反応が見られたことを喜ばしく思っています。これは「ＨＳＰが危険な状況や、不慣れな状況だけに、ほかの人と異なる激しい反応を示す傾向がある」という定説を覆すものでした。この研究で強調されている通り、ＨＳＰはポジティブな体験にも強い反応を示すのです。

では、ＨＳＰの割合がぴったり５人に１人であるというのは確かでしょうか。アメリカの心理学者のジェローム・ケーガンによる研究では５００人の赤ん坊のおよそ５分の１が、ほかの赤ん坊よりも強い反応を示しました。これは、５人に１人がＨＳＰということを示す証拠となりうるのでしょうか？　残念ながら、そんな単純な話ではありません。

ケーガンが選んだ被験者の大半が、高等教育を受けた中産階級の女性の赤ん坊で、妊娠中または分娩時に問題があったケースは除外されています。もしもケーガンが、全人口のなかから無作為に被験者を選んで実験したのなら、強い反応を示す子どもの割合は変わっていたかもしれません。

エレイン・アーロンは数千人ものアメリカ人にセルフチェック・テストを依頼し、その結果、HSPに該当した人は15〜20%*でした。（*エレイン・アーロンは23の質問項目のセルフチェック・テストを作りました。このテストでは、12問以上に「はい」と答えると、HSPであるとされています。このテストは、サイトなどで見ることができます）でもこれには問題が2つあります。

1つは質問内容が精密でないことです。一時期、私はクライアントにエレイン・アーロンのテストを受けるよう頼んでいました。テストの最中、クライアントの多くが、『自分をとりまく環境の微妙な変化に気づく』ってどういうこと？」と困惑してしまいました。ほかにもわかりにくい質問がいくつもありました。質問項目の半数以上があいまいな聞き方になっているため、受け取り方によって回答が大きく変わってきます。

2つ目の問題は、エレインの調査がセルフチェックのみで構成されているところです。セルフチェックとはつまり、自己申告です。

回答者の行動について客観的な判断基準は何もありません。回答者が、自分で自分のことを共感力が高く、感情移入しやすいと思うかを判断します。そして、その判断について、家族や友人に同意するか否かを聞くことはありません。これでは結果にむらが出てしまいます。良い性質を示す選択肢だと解釈したものすべてにすぐチェックを入れる人もいれば、非常に堅実で、自分のことを良く評価しすぎることを恐れながら回答する人もいました。

また、HSPにとっては、心理的負担のかかりやすいものでした。「本当に私に共感力があるのだろうか?」などと自分に問いかけを繰り返すうちに、過度に刺激を受けて疲れてしまい、その状況からできるだけ早く抜け出したくなってしまうのです。

エレイン・アーロンのテストは、北アメリカに住む人へのインタビューをもとに作られたため、デンマーク人へのテスト結果はアメリカ人とは違ったものとなりました。私の解釈では、特にデンマーク人女性はHSPであるということを、ポジティブに受け取るため、多くの人が12項目かそれ以上にイエスと答えました。

一方、私が作成したテストは、敏感なデンマーク人との対話から生まれたものです。このテストは北欧中の多くのHSPやそのほかの敏感で感受性の強い人たちに試されました。

しかしこれは、エレイン・アーロンのテストと同じく、セルフチェックです。いつか、本人の回答に頼らないテストがつくられるでしょう。そしてそのテストによって、実際のＨＳＰの人数が、15～20％という数値より多いのか少ないのか、はっきりするでしょう。

他方で、私はこの15～20％という数値が完全に間違いだとは思っていません。スイスの精神科医で、精神分析学の創始者であるＣ・Ｇ・ユングは、４人に１人が内向的で、その内向性は、敏感であるとされる人との類似点が多いと言っています。

そして、ＨＳＰが少数派であることは疑いようがありません。でなければ、ＨＳＰの私たちは、これほどまでに何度も「ほかの人と違う」と感じる経験をしてこなかったことでしょう。

私は、ＨＳＰを理由にカウンセリングに来ているわけでないクライアント24人に、エレイン・アーロンの23の質問項目にいくつかのオリジナルの項目を加えたテストを実施しました。

この調査により、クライアントのおよそ半数がＨＳＰであることがわかりました。

心理セラピーを受けている人たちのほうが、一般的な集団よりも、ＨＳＰの割合が高いというのは、よくわかります。これには次の３つの理由があります。

●ＨＳＰは、繊細な神経を持つために、問題が生じやすいため
●ＨＳＰは、タフさや外向性が高く評価されている文化で、抑圧されているため
●ＨＳＰは、痛みへの耐性が低いことに加え、自分自身について深く掘り下げて考えるので、問題が起きたとき、そこから目をそらそうとしないため

ＨＳＰだという自覚がない人も、心の悩みを探っていった末、実はＨＳＰだったということも大いにありうるのです。

HSPは生まれもった気質

私たちHSPが、そのほかの人と異なる特徴を持って生まれてきたのは疑いようもない事実です。その事実を裏付ける研究が、後にたくさん行われました。

ミネソタ大学で1979年から行われた一卵性双生児の研究では、多くの場合、生育環境よりも生まれ持った性質が、性格に大きな影響を及ぼすことがわかりました。

さらに、アメリカの心理学者スティーブン・J・スオミ教授は、サルの子どもは会ったこともない両親と似た性格を持つことが多いという研究結果に行き当たりました。

ここ数十年の間に、遺伝というものが、それまで想像されてきた以上に大きな意味を持つことがわかってきました。（でもだからといって、環境が重要でないわけではありません。敏感さが弱点となるか長所となるかを決定づけるのにも、環境や育て方が重要です。敏感さは適切な状況では、利点となるということは疑いの余地がありません）

ＨＳＰは新生児のときから、刺激に対し強い反応を示すことが多くあります。乳幼児にストローで水を飲ませている途中、急に水の糖度を変えた場合、落ち着いて飲み続ける子もいれば、激しい反応を示す子もいます。ある調査では、変化に対し強い反応を示す赤ん坊は、２年後にはほかの子よりも恥ずかしがり屋で、慎重になるとされています。（LaGasse １９８９年）

ＨＳＰは乳児期から激しい反応を示す

先述した通り、心理学者のジェローム・ケーガン博士は、生後４ヵ月の赤ん坊５００人を対象に実験を行った結果、５人に１人の赤ん坊が、ほかの赤ん坊と違う反応を示すことに気が付きました。たとえば、風船が割れたときや、なじみのない色のモビール飾りを天井にぶら下げられたとき、または、母親が笑いかけはするものの普段とは違って一言も言葉を発しないときなどに、５人中４人の子どもが落ち着いたままリラックスしていられる一方、５人に１人は叫んで手をばたつかせました。

博士は、この2割の子どもを、ほかの子よりも警戒心が強く、慎重であることから、はじめは、〝抑圧された子〟と呼びましたが、後に呼び名を、〝激しく反応する子〟に変えました。彼は、その子どもが激しい反応を示すのは、新しい刺激を与えた際に、ほかの子よりも強い内的興奮が生じているためと考えました。

ケーガンは、その子どもたちが2歳、4歳、7歳、11歳になったときにも、再び招集しました。乳児期に激しい反応を示していた子どもは、相変わらずほかの子どもたちよりも新しい刺激に強い反応を示しました。ところが、赤ん坊の頃と違って「強い反応を示す」からといって、「落ち着きがない」ということにはなりませんでした。内面の動きと、表に出てくるものは、まったく別物なのです。

外から見えるのは、知らない人が来たときに、母親の背後にそっと隠れるといった行動なのかもしれません。叫んで、腕をばたばたさせている赤ん坊が、ティーンエージャーになったときに騒々しくなるわけではないのです。それどころか、ほかの同世代の子たちよりも人生についてより深く考え、静かで内省的な人間に成長します。

HSPの能力 1

一度に多くの情報を吸収できる

ＨＳＰは敏感な神経の持ち主です。

ＨＳＰは細かいところまで感じ取り、受け取った情報が心の奥深くまで届きます。ＨＳＰは大いなる空想力と、物事を生き生きと思い描く想像力を備えていて、外界から得た情報を元にさまざまな思考や空想を広げます。そのため、ＨＳＰの〝ハードディスク〟は、ほかの人たちよりもすぐにいっぱいになり、過度に刺激を受けたと感じます。

私も、あまりにたくさんの情報が入ってきて、頭の容量を超えてしまうように感じることが多々あります。知らない人といると、30分か1時間でもうキャパシティー・

オーバーになってしまうのです。

我慢して耳を傾け続け、楽しんでいるふりをすることもできます。でも、ひどく体力が消耗されますし、後でくたくたになってしまいます。もちろん過度の刺激を受けるのが好きな人はあまりいないとは思いますが、ＨＳＰは特に、刺激にすぐに耐えられなくなり、不快に感じるのです。そのため、まわりでたくさんのことが起きていると、その場から立ち去らざるを得なくなります。

そういう人はほかの人から不満を抱かれてしまったり、後述のエリックのように、「繊細すぎる」「高慢ちき」「社交性がない」と思われるのを恐れるあまり、自分に必要な休息をとるだけのために人目を忍んだこともあるかもしれません。

「家族が大規模な誕生日パーティーを開くと、私はよくトイレにこもって、鏡に映った自分の姿をしばらく眺め、石鹸で手をマッサージします。トイレのドアを何度か開けられそうになると、トイレを出ざるを得ないのですが、短時間の休息では完全には満たされません。

そこであるとき私は、新聞の陰に隠れることにしました。隅に座って、顔の前で新聞を広げたのです。そして、目を閉じ、心を落ち着かせようとしました。すると陽気な叔父が、そっと近づいてきて、私の手から突然、新聞を取り上げ、大声で『あれ、こんなところに隠れていたのか!』と言いました。すると皆が笑い出したのです。私にとってはひどく不快な出来事でした」

エリック(48歳)

HSPの許容量が少ないのは、悪い情報だけではありません。よい情報の許容量も同じく少ないのです。楽しいパーティーであっても、キャパシティーを超えてしまって、たとえパーティーの佳境でも、退散しなくてはならなくなります。

HSPが自分の制約や限界に苦しめられるのは、こういうときなのです。HSPの大半の人が、「ほかの人と同じように、最後までパーティーにいられたらどんなにいいか」と思っています。「もっといて欲しかったのに」と、主催者をがっかりさせるのは気まずいですし、帰った後の時間を逃してしまったような、損してしまったような気分になるでしょう。

それにパーティーがお開きになる前に帰ることで、ややもすると「付き合いが悪い」だとか、「無礼」だと思われかねません。

でも、刺激に敏感であることは、楽しみを逃すだけではありません。ＨＳＰがほかの人よりも大きな喜びを手に入れられることもあります。

たとえば芸術鑑賞をしたり、音楽や鳥のさえずりを聞いたり、花の香りを嗅いだり、おいしいものを食べたり、壮大な自然を感じたりしたときに吸収する心地よい刺激は、心を高揚させてくれます。それらの刺激のすべてがＨＳＰの人の奥深くに染み入り、心は喜びで満たされます。

ＨＳＰの能力２

音やにおいなどの微細な違いも察知できる

ＨＳＰは、不快な音やにおい、視界に入ってくるものを気にせずにはいられません。否応なく入ってくる、自分が選んだわけでない情報が、ひどく気になり、いら立たしく思えることもあるでしょう。ほかの人がふつうだと感じる音も、ＨＳＰにとっては、神経のバランスを乱す不快な雑音になることもあります。

たとえば花火。空に打ち上げられた花火は、見る分には芸術的でいいのですが、否応なく耳に入ってくる大音量の爆発音が、ＨＳＰの神経を乱します。ＨＳＰ向け講座や心理セラピーの場で、「敏感すぎることで経験した一番悪かったことは何ですか？」と尋ねると、その答えに「花火」が挙がることも珍しくありません。その「バンバン」という大きな音は、まさに地獄からとどろく騒音のように思えるのです。

上の階の住人が床を歩く小さな音も、眠りが浅く、ちょっとした音で起きてしまうことの多いＨＳＰには、問題です。寒さや隙間風が苦手な人も多く、ガーデン・パーティーの誘いは断ることが多いでしょう。人が密集する場所も苦手。美容院のパーマ液のにおいも苦手。喫煙者の自宅を訪ねるのも辛いことで、相手が「あなたが来ている間はたばこを吸わない」と言ってくれたとしても、カーテンや家具に染みついたにおいを敏感な鼻で察知して、不快に感じます。職場でいつもラジオがつけっぱなしで、消してもらえないことに耐えられず、仕事を辞めてしまった人もいました。

カフェに入り、趣味に合わない音楽を大音量で流されたために、不調が生じることもあります。ＨＳＰは、自分に合うカフェを探すのは難しく、本人にとっても、一緒にいる人にとっても、いら立たしいことでしょう。特に２人とも疲れていて、空腹のときは。

ＨＳＰは物事を軽く受け止めるのが得意ではありません。環境が適切なものでなければ、心に余裕がなくなり、さらに苦しむことになります。

ＨＳＰの能力３

ゆっくり、深く多角的に考えられる

ＨＳＰは１つの物事について、たくさんの異なる観点からとらえることができます。それもあってほかの人よりも、物事をじっくり考える時間が必要になるのです。その代わり、よく考えることによって、独創的な発言や行動ができます。作家やアーティスト、思想家の多くが、ＨＳＰです。

「決断を次々と下せる人がいるけれど、どうしてそんなことができるのかわかりません。仕事で話し合いをするとき、私は自分が何を言いたいのか、どんな決断を下したいのか、わからなくなることが頻繁にあります。できることなら一晩寝て、考えたいのです。はじめは決断をなかなか下せないせいで、仕事のペースが落ちてしまうことを気に病んでいました。でも今は、それが私のやり方なのだと考えるようになりました。会議の翌日に再び話し合いの機会を設け、熟慮を重ねた私の考えを伝えると、同僚たちは大いに尊重してくれるようになったのです」

イェンス（55歳）

「とても敏感」な人は、「自発的で衝動的である」ことの対極にいます。ところがＨＳＰは過度に刺激を受け続け、「引き返す」という選択肢を取ることができないときには、鬱になるか、怒りを爆発させるか、対処しきれないその状況から抜け出そうと何かしらの衝動的な行動に出ることがあります。たとえば、仕事を辞めてしまうとか、友だちと縁を切るとか、実家に電話をして年老いた両親を怒鳴りつけるとか、アルコールを過剰に摂取するとか、暴飲暴食に走るなどです。

こうなったときのＨＳＰは境界性人格障害の人に似ています。ただ境界性人格障害を持つ人たちが、怒りを覚える傾向がある一方、ＨＳＰは罪悪感や羞恥心を抱きやすい傾向があります。ＨＳＰのほうが、他人に迷惑をかけたときに後悔しやすいのです。ほかの人や動物を傷つけてしまうと、しばらく悲しみ、自分のことを責め続けるでしょう。

HSPの能力4

とても慎重で、危機管理能力が高い

新たな状況に身をさらされたときに、2つの道が考えられます。1つ目は、真正面から向き合って、果敢に挑戦し、試行錯誤を繰り返してみる。2つ目は、行動に移す前にじっくり観察し、熟慮する。

1つ目の方法をとるタイプは、機敏で、衝動的で、向こう見ずで、冒険心があります。2つ目を選んだ人は油断することなく、慎重で、行動に移す前に物事をじっくり見定めます。

これら2つには、それぞれ状況ごとの利点があります。

ウサギの群れが草も肉食獣も少ない新しい草地に来たら、生き延びるために、1つ目の戦略を用いるでしょう。そういうウサギは、ほかの慎重なタイプのウサギが草地に足を踏み入れる勇気を出す前に、草をすべて食べきることができるでしょう。しかし、それとは逆の状況で、草がたくさんあって、肉食獣がたくさんいる場合には、2つ目の戦略をとるのがよいでしょう。草地に最初に足を踏み入れた勇敢ですばしこいウサギは、肉食獣に食べられてしまうかもしれません。慎重なウサギは手遅れになる前に、危険に気づくでしょう。

慎重なウサギが、ほかのウサギに注意を呼びかけることで、群れ全体が生き残れることもあります。反対に慎重なウサギが飢え死にし、すばしこいウサギだけ生き残ることもあります。こうして、同じ種のなかに戦略の異なる2つの種類がいるおかげで、どちらかが死に絶えても、もう一方の種が生き残り、絶滅を免れられるのです。

2つ目の慎重に行動する方法を、HSPはよくとります。口に出すか行動に出る前に、観察し、考えます。会話をはじめる前に、複数のパターンをあらかじめ想定しておいたことがあるに違いありません。

「もしも相手がノーと答えたら、ああ言って、こう言おう。相手が喜んだら、今度は……」

そんな風に、作戦に乗り出す前にあらゆる結果を想定することでしょう。HSPには新たな可能性に気付くのが上手な人が多いのですが、同時に失敗に転じうるものを察知しやすいのです。

HSPは、足を踏み入れる前に、その状況について綿密に考えます。この能力のおかげで、失敗したり、不運に見舞われたりせずに済みます。一方で、これは、起こりうる危険性について、うじうじといつまでも考えて、行動が遅くなるという欠点にもなります。

私は講座を開く際は、細かいところまですべて事前に考えておきます。ありとあらゆるハプニングを想定し、それぞれにどう対処するかという案まで考えます。講座の日は、ありったけのエネルギーをすべて使い果たしてしまうので、予期しない不快な出来事にさく余力は残っていません。そのため、前もって細かいところまで考えておくのは、私にとって理にかなったことなのです。

一方で、タフな人たちには、そのように前もって綿密に準備しておくことは必要ないでしょう。物事が100％計画通りに進まないからといって、めげるほどヤワではないからです。

ＨＳＰの気質の難点は常に不安を抱えてしまうところです。「あまり心配せずに、身に降りかかる出来事を受け入れるように」と言われてきた人もいるでしょう。でも、ＨＳＰにとっては、口に出したり行動したりする前に考える方が得策です。エネルギーは無限にあるわけではないのですから、見当外れなものに多くのエネルギーを費やす余裕はないはずです。

また、無用な諍《いさか》いは、神経のバランスを長期間にわたり乱すので、避けるべきです。寒さや空腹、喉の渇きにも、ほかの人たちよりずっと左右されやすいので、避けるべきです。常に緊張しているという感覚に覚えがあるかもしれません。そのような場合、ときにスイッチをオフにすることも知るべきです。ここでリラクセーションと瞑想が役に立ちます。

HSPの能力5

共感力が高く、気配り上手

HSPは共感力が高く、他人に感情移入することができます。

そのため、相手の気持ちを察知することができ、とても気が利きます。HSPの多くが、サービス業や人をサポートする仕事に身を置き、相手から感謝されるようです。

ただし、たとえばフルタイムで介護の仕事をするHSPは、一日仕事をした後、ほとんど力が残っていないと言います。HSPは共感力が高いがゆえ、ほかの人たちの気持ちを敏感に感じ取り、それに左右されます。相手の苦しみをひとごとと捉えることができず、家に帰ってからも仕事のことが頭から離れません。人と関わる仕事をするHSPは、自分自身を十分にいたわる必要があります。でないとストレスでつぶれるリスクが高すぎます。

また、HSPの多くが、諍《いさか》いの場に居合わせるのが嫌だと言います。喧嘩《けんか》の場に居合わせることで、ストレスを感じたり、雰囲気が悪いと感じるのでしょう。

HSPの人に、「周囲の人から影響を受けないようにする方法はないか」とよく聞かれます。HSPは感度のよいアンテナを備えていて、まわりで起きていることを非常にはっきりと感じます。私もときどき、周囲から発せられる情報が私の目や耳などを通って体のなかに入ってくるのを止められないだろうかと願ってしまうことがあります。極端な言い方をするなら、目も見えず、耳も聞こえず、何も感じなくなればいいのに、と。

HSPがある関係性において、雰囲気の悪さを感じた際、「この人は私に怒っているみたいだ。何か間違ったことをしたかな?」と考えるか、「この人は自分の要求に応えてもらえずに、フラストレーションを感じているんだ」と考えるかでは大違いです。前者のように「私に怒っている」と考える傾向があるなら、悪い雰囲気を感じることが、必要以上のストレスになることでしょう。

ＨＳＰの能力６

誠実で、責任感がある

ＨＳＰの多くは、非常に誠実で、すべての物事の責任をとろうとする傾向があります。ＨＳＰにはごく幼い時分から、不穏な空気を敏感に感じ取り、どうにかしようと苦心してきた人が多いようです。

ある調査によると、４歳の抑圧された（敏感な）子どもは、確実に誰にも見られていないとわかっているときでさえ、他人をだましたり、ルールを破ったり、自己中心的な行動をとったりしない傾向があるそうです。さらにそういった子たちは、道徳上のジレンマに陥った際、社会的に優れた答えを出します。（コチャンスカ、トンプソン、１９９８年）

「母が悲しんでいると感じると、私は厄介事の元凶となりうるあらゆることを、できる限り避けようとしました。どうしたら母の人生をよりよくできるか、頭を悩ませました。そうしてある日、私は心に決めたのです。会う人、皆に笑いかけるようにしよう、と。そうすることで、いい子育てをしていると母のことを褒めてくれるだろうと思ったからです」

ハンネ（57歳）

ＨＳＰは不穏な空気を感じ取ると、責任をとらなくてはならないと思い、すぐにどうにかしようと頑張りすぎてしまいます。

ひょっとしたらパートナーのフラストレーションをわがことのように受け止め、それと向き合い、励まそうとするか、解決策を見つけようとしたりするかもしれません。そうしてくたくたになり、他のことが手につかなくなります。当の本人は不安をとうに払拭《ふっしょく》し、楽しい時間を過ごしているというのに。

相手の問題に首を突っ込み、どうにかしようとするのがよいか悪いかは、状況次第です。ただし気をつけてほしいのは、ＨＳＰの人は、悪い雰囲気に大いに影響され、神経のバランスを崩して、気に病まずにいられないところです。

あなたはすべての世界に対し、責任をとることはできません。あなたが責任をとるということは、同時にほかの人の責任を肩代わりしてしまうことでもあります。しかし、自分の責任は自分でとって、誤りから学ぶほうが、その人のためになる場合もあります。

「ほかの人の責任を背負いこむのをやめるようになってから、この世界で生きていこうという意欲が湧いてきました」

イーゴン（62歳）

HSPは自分のせいで他人の気分を害することは是が非でも避けたいと考えます。それゆえ他人と接するとき、気が張ってしまいます。タフな人たちは、話をしたり、行動に移したりするとき、あまり考え込みはしません。そのことにHSPは、しばしば驚嘆させられます。

私はよくHSPから、ほかの人の言葉が攻撃的だったり、配慮を欠いたりしていて、ショックを受けたという話を聞きます。まるでほかの人たちも自分と同じように、あらゆることを熟考し、配慮するものと思っているかのように。でも実際、ほかの人たちはたいてい、そんなことはしていないのです。ですから、ショックを受けるのではなくて、そういうものだと思っておいたほうがよいでしょう。

ＨＳＰであるあなたはきっと、議論で言い負かされ、翌日になってようやく何と言うべきだったのか気づいた経験があるでしょう。ＨＳＰは思いやりがあるゆえに、反応がゆっくりになり、相手に言いたいことが言えません。

とはいえ私が声を大にして言いたいのは、ＨＳＰが必ずしも細やかで、誠実で、共感力があるわけではない、ということです。本来は誠実なのですが、私たちは刺激を受けすぎると、心に余裕がなくなって配慮を欠き、一緒にいづらい人になってしまいます。

HSPの能力 7

想像力が豊かで、内的生活が充実している

HSPの多くは、「自分たちは豊かな夢の生活を送っていて、想像力に富み、生き生きとした空想力を持っている」と言います。私自身も1人でいるとき、退屈することは滅多にありません。これは大きな利点です。私は他力本願にほかの人たちに楽しませてもらう必要はありません。そのおかげで、私らしくいる自由を享受できます。

年金暮らしに入った際、それまでフルスピードで仕事をしていた多くの人たちが、時間を持て余し手持ちぶさたと感じる一方で、HSPの多くが、仕事から解放され自由になったことを、大きな贈りものと考えます。ゆったりとした日々を楽しめる機会を、想像力を広げて存分に生かします。インスピレーションの源になるものは大して

必要ありません。「インスピレーションは自分の内側から泉のように湧いてくるので、むしろインスピレーションを得ないようにしてきたぐらいだ」と話す人もいます。「すぐにはじめるんだ」という内なる声がして、聞こえないふりができないのだとも。

「私は絵を描くのが大好きです。でもまぶたの裏に新たな絵が映ると、重荷のように感じることがときどきあります。内側から興奮が湧き上がり、すぐにでもカンヴァスに絵を描かなくてはならないようなプレッシャーを感じます」　リーセ（30歳）

強烈なインスピレーションは、うまく自分で昇華できれば、もちろん大きな価値があります。HSPの人の多くが、芸術作品を作り出します。1つだけでなく複数の分野にまたがって、創作活動する人もいます。

私は、22時以降にはインスピレーションを刺激しそうなものは見ないようにしています。新たなアイデアが浮かぶと、夜、眠れなくなってしまうからです。HSPの人は、意識と無意識を隔てる壁が薄いといえます。そのため、想像力が眠っている潜在意識に近づいていきやすいのです。

表面的にはHSPに見えない人もいる

HSPと一口に言っても、人は一様ではありません。ここではHSPの従来のイメージとは大きく異なり、一見するとHSPではないように思える2タイプを紹介します。

①外向的なHSP

HSPの70%が内向的、30%が外向的といわれています。

ディープな内的世界を持つと同時に、社会的な外向性をも兼ね備えている「外向的なHSP」は、大勢のグループでいるほうが心地よいと感じます。

このような外向的なHSPは、大家族で育ったケースが多く、大勢のなかの1人でいることに安心と親しみを感じます。そのような人たちは、若い頃に大学寮やシェアハウスなどで、大勢の仲間と暮らした経験もあるかもしれません。

HSPが外向的になるもう1つの要因は、社会からの圧力が考えられます。内向的な子どもでいることを認められない家庭で育ったのであれば、明るく活発な振る舞いをする必要に迫られ、外向性を身につけざるをえなかったのかもしれません。

とはいえ、外向的なHSPであっても、人づきあいにすべての時間を使うのはあまり心地よくないはずです。内向的なHSPと同じぐらい、入ってきた刺激を整理するのに多くの時間を要するからです。

HSPであると同時に外向的であるというのは、特に大変なことなのです。フラストレーションは大きくなるでしょう。なぜなら外向的なHSPは、自分の限界以上に社交的であろうとするからです。このときに感じるフラストレーションは、内向的なHSPにはあまり覚えのないものでしょう。

HSPが内向的な人とイコールだと誤解されやすいのは、それぞれの特徴に何かしらの共通点があるからです。豊かな内的世界を持ち、深く思考するというHSPの性質は、ユングが挙げた内向的な人の特徴にぴたりと当てはまります。

内向的な人もHSPも、多くの経験を必要とはせず、独自の豊かな精神世界を持ち、自らの思考や想像を糧にしています。そして、考えることや吸収した情報を昇華させることに、多くのエネルギーを費やします。

では、なぜHSPの70％もの人が内向的なのかを考えてみましょう。HSPは少人数でいるほうが深く考えやすいので、理にかなっているのです。それに、小規模な人間関係であれば、それほどすぐに刺激を受けすぎてしまうこともありません。

私がセラピーに来た人に、「内向的ですね」と言うと、多くの人がこう言って否定します。

「いいえ、私はいつも1人で座っているようなタイプじゃありません」

「内向的」という言葉は、今では侮蔑語とされているのです。世の人たちは、「内向的」と聞くと、他人に興味がなく、自分の世界に閉じこもり、1人で椅子に座って爪を噛み、コンピューターばかりいじっているタイプだとイメージします。

ユングによると、内向的な人とは、「物質的な世界よりも、内面世界に関心のある人」です。でも、これはその人が自分自身の内面世界にしか興味がないということではありません。ほかの人の内面世界にだって興味があるのです。

だからこそ、内向的な人は、表面的で物質的な事柄についての話題が続くと、退屈してしまいます。たわいもない雑談をするときは緊張しますが、共通の関心を持つ相手と1対1もしくは少人数で、深い会話をする際には喜んで加わります。大人数の輪に入るよりも、比較的気をつかわなくて済む、少人数の集まりのほうを好む傾向があります。

刺激を求めるＨＳＰ

ＨＳＰの大半は、スリルよりも安心を優先し、慣れ親しんだものに心地よさを見いだします。ところがＨＳＰのなかには、冒険心が旺盛で、探検が好きな人もいます。すぐに退屈を感じてしまって何か行動すると、そのせいで刺激を過度に受けてしまうという人は、恐らく刺激を求めるタイプのＨＳＰでしょう。このタイプの人は、いかにしてバランスをとるかが課題になります。

刺激を求めるHSPは、同じことの繰り返しに飽きてしまうので、ルーティーン・ワークが続くと、落ち着きを失います。そして素晴らしい体験を探すのです。あなたは旅に——できることなら行ったことのない場所に——行きたくなるでしょう。

これはまるで刺激を求める敏感な人たちが、自ら問題を引き寄せようとしているかのようです。過度に刺激を受けやすいのにもかかわらず、新たな刺激を求め、疲弊してしまうのですから。

そのため、刺激を求めるHSPの多くは、事後に自らを責める傾向にあります。自分を責める理由などないのに。そして、自分を責めながらも、刺激を求めるのをやめられません。

そうするとバランスを保つのが非常に難しくなります。この状況は、片足でアクセルを踏み、もう一方の足でブレーキペダルを踏むのにちょっぴり似ています。

タイプ分けすることの利点と難点

以上、内向的なＨＳＰ、外向的なＨＳＰ、刺激を求めるＨＳＰなどとタイプ分けをしてきましたが、特定のタイプがあなたに１００％当てはまることはありません。１００％一致させるには、１００人いれば１００通りのタイプ分けが必要になります。

自分に当てはまるタイプをどれか１つ選べば、無意識のうちに、自分の実像とは完全には一致しない別の自分を演じてしまうかもしれません。特定のタイプに自分が当てはまると気づくと、自らを型にはめてしまいます。そしてそれに縛られ、自分が成長したり、変わることもできるという事実が頭からすっかり抜け落ちてしまいます。

タイプ分けは、人間が人それぞれ異なるということに気づくためのものです。それがわかっていないと、ほかの人は皆、自分と同じなのだと安易に考えてしまいます。そして相手が、自分が同じ状況に置かれたときにとるであろう行動と別の行動に出ると、何か問題があるに違いないと考えてしまうのです。

私は、人にはさまざまなタイプがいると意識するようになる前は、バイタリティーがあって、せかせかしている人たちには、あえて目を向けないようにしているもの、避けているものがあるに違いないと思っていました。でも今は、単に行動様式がまったく異なるだけだと考えるようになりました。

外向的な人たちは、内向的な人それぞれの性格の違いがわからず、内向的な人たちは一様におどおどしていて、ほかの人に無関心なエゴイストで、時間の使い方が「ケチ」な人だと思い込みがちです。

内向的な人が、夜に外向的な恋人と一緒に過ごすより1人でいるほうを選んだら、その恋人は「相手に何か問題があるに違いない」という不安をすぐに抱いてしまうことでしょう。なぜなら、その恋人には、長時間1人でいることが心地よいという感覚がまったくわからないからです。

世のカップルたちが、人にはさまざまなタイプがいるということを理解すれば、互いをより理解できるようになることでしょう。

第2章

「敏感な人」が抱えやすい心の問題

HSPが抱えやすい心の問題 1

自分自身に高度な要求をしてしまう

自分に課したルールに縛られている

私がこれまでカウンセリングしたHSPの人々が、自らに課していた行動のルールを例挙してみます。

- いかなる状況においても、100%ベストを尽くさなくてはならない
いいや、できることなら120%の力を出し切らなくてはならない
- まわりの人に弱みを見せないようにしなくてはならない

●自己中心的であってはならない
●一緒にいる人にいつでも１００％注意を向け、楽しませなくてはならない
●ほかの人がいるところで、自分個人のことに気をとられるのは無礼だ
●失敗をしてはならない

これらのルールは、父親か母親が作ったものかもしれませんし、もしくは自分で作ったのかもしれません。気を付けなければならないのは、自分が自分にどんなルールを課しているのか、必ずしも把握しているわけではないということです。

行動のルールはスプーンで食事するのと少し似ています。はじめにスプーンの使い方を習うとき、スプーンをどう握るのか、どのように向きを変え、どうやって口に入れるのかを考えます。しかし、いったん使い方を覚えてしまえば、最初から最後まで無意識でできるようになるため、どうやってやるかなどとは考えなくなります。

過去に刷り込まれた無意識のルールに、自動的に従って生きていませんか。そして、それらのルールは古くなっていて、実情に即していないこともあるでしょう。

だからこそ、ＨＳＰにとっては、長期間、社交の場にいることは大きな負担となります。他人に甘く自分に厳しくして、古くて凝り固まったルールに従って振る舞おうとするから、すぐにくたくたになってしまうのです。

自分がどうあるべきか、高い基準を設けている

ＨＳＰは行動のルールを自分に課すと同時に、自分自身がどうあるべきかについて、高い基準を設ける傾向があります。たとえば以下のことについて、高い基準を定めます。

- ●親切心
- ●もてなしの心
- ●気遣い
- ●相手への注意
- ●思慮深さ

●責任
●ほかの人への関心

もしかして、「あらゆることにおいて完璧でいなくてはならない」というルールを設けていないでしょうか。そして、あらゆることに完璧でなければ自分で納得できなくなっていないでしょうか。そうすると、ほぼ24時間、肩の力を抜くことはなく、「ほどほどでよし」とは考えられなくなるでしょう。

なぜなら、「ここまでやればいい」と線引きするたびに、思い描く自分像と実際の自分との間に隔たりを感じるようになるからです。

自尊心が低いからこそ「優秀」でいようとする

自分に高い基準を設けてしまうたいていの要因は、自尊心が低いことにあります。高い基準は、自尊心の低さを補うために設けたもので、愛される価値が自分にあると信じる気持ちが弱ければ弱いほど、それを取り返すための戦略をとるのです。

自信と自尊心は以下のように区別できます。

●自信——自分の能力と行動に対する信頼

●自尊心——自分の内側に潜む芯の部分を感じ、自分の価値を信じる心

自尊心が高い人で、自信がない人はめったにいません。自分自身に対しよい感情を持っている人は、成功体験をすることで、満足のいく人生の課題を見つけます。

その逆で、自信満々な人の自尊心が低いことはよくあります。自分のことをあまりよく思っていない人は、それを補うために、ほかの人よりも懸命に努力し、さまざまな分野で優秀であろうとします。

たとえば、職場で優秀な人は、自分に何ができるのかを完全に自覚していて、仕事に関することなら自信を持って実行します。しかし、その一方で心の奥底では、自分がちゃんとうまくできているか、まわりの人から本当に好かれているのか、ひどく不安に思っているのです。

ＨＳＰに自分の価値に懐疑的な人が多いのにも理由があります。ＨＳＰは、自分の育った文化で理想的とされる行動規範から逸脱してきました。なかには、すでに幼い頃に心に問題があると言われた人もいます。

「私は、母から繊細すぎると言われました」

インガー（50歳）

ＨＳＰは、生まれたときから環境になかなかなじめないため、それを心配した父親や母親が気を落としてしまうケースもあります。そんな時、ＨＳＰは両親の失望の色を決して見逃しません。タフな子どもが気づかないことも、ＨＳＰの子は察知するのです。

そして、自分のせいで両親を困らせてしまったという経験は、ＨＳＰの子の心に、恐ろしい記憶として染みついてしまうのです。

さらに、ＨＳＰは自分がトラブルの元凶になるかもしれないと敏感に察知します。

失敗する危険性をはらむものを事前に予測しようとするのです。自分の行動に批判を受けかねないところがないか、入念にチェックします。想定外の批判を受け、ぎょっとさせられるリスクを考えれば、自虐的になったほうがましだと考えるのです。

「私のことを批判する人がいると、その人のことがしばらく頭から離れなくなります。その批判が的外れだと感じても、批判される理由があるのではないか、と自分に問いかけ、それに耳をふさごうとしているのは自分だけじゃないかと自問します」

ヤンネ（31歳）

私たちHSPは子どものときからしょっちゅう他人の負担を引き寄せ、それを抱えこんでしまいます。次に示すある少女の話は、その例の1つです。

「私はずっと、自分のせいで母親が不幸な目にあう経験をしてきました。鬱の母親を救えないことを恥じ、自分に落ち度があると思ってきました」

イーダ（52歳）

がんばらないと好かれないと思い込んでいる

完全に無意識かそれに近い状態で、次のように考えたことはないでしょうか。

「自分は、まわりの人にとって一緒にいるのに面倒な人間だろう。でも、相手を喜ばせるために私がもっと努力すれば、きっとまわりの人たちは離れていかない」

この思考の陰にはこんな思いが隠れています。

「もっと努力しないと、一人ぼっちになってしまう」

あるいはこうです。

「よくよく考えてみると、自分は決して他人に愛されない人間だ。でも、もっと頑張れば、輪に入れてもらえるだろう」

この思考の陰には、こんな思いが隠れています。

「もっと頑張らないと、皆から見放されてしまう」

低い自尊心と高い基準は補い合う関係にあります。

「自分は高い基準を設けなければ、だれからも愛されない」と思っていても、きっと現実が、その考えが間違っていることを証明するでしょう。いつかはありのままの自分を愛してくれる人が現れます。

しかし、自分に高い基準を設けることで誰かに好かれた経験があって、低い自尊心を高い基準により補うという方法をずっととり続けてきたなら、相手は「あなた自身」を好きなのか、「あなたの親切心」が好きなのか、どちらなのか知ることができません。だから、「自分は愛されないんだ」という思いこみが心に巣くったまま離れないのです。

HSPはこれまでの人生で愛された経験が幾度となくあるにもかかわらず、心のなかではひそかに「愛してくれたのは、自分が自分であるからではなく、高い基準を設けているからにすぎない」と思うのかもしれません。

セラピーを受けに来た人に、「あなたは私に好かれていると思いますか？」と私が聞いたとき、こんな答えが返ってきたように。

「ええ。でもお金を払っていますから」

ほかにも、セラピーに来た人が、「私たちがクライアントと心理療法士の関係でよかった。おかげであなたを心地よくさせようとか、楽しませようとか思わずに済むんだもの」と言うのを何度も聞いたことがあります。

人の輪に入るために、お金を出す人はたくさんいます。ふつうより気をつかってもらったり、親切にしてもらったりしたときに、チップを払う人もいます。

もし、あなたもそのようにしてお金を払う１人だとすれば、相手が好いていてくれるのがお金ではなく、あなた自身だということを、確信できないのではないでしょうか。このようにして、あなたの自尊心は小さくなっていくのです。

基準の高さは、自尊心にマイナスの影響を及ぼします。自分に過度な要求をするあまり、幾度となく自分自身に失望し、疲弊してしまうでしょう。その上、自己批判する傾向があるなら、たちまち悪循環に陥ってしまうことでしょう。

悪循環から抜け出すために

「自分はなんて退屈で陰鬱な人間なんだ。もしも私がほかの人にもっと気を配って、あらゆることにベストを尽くしていたなら、一緒にいる人を楽しませられたのに」

疲弊する。

トイレに隠れる。

自己批判。

「ほかの人みたいに私もできなくてはならない」

悲しい。

自尊心が低くなる。

高い基準を設けてしまっているのなら、その基準を下げることが非常に重要です。

そうしないと、いずれいっぱいいっぱいになってしまいます。

自分の行動のルールにフォーカスしたら、あとは練習あるのみです。

それらのルールを破ることで生じると予想される惨状はたいていの場合、現実のものとなることでしょう。しかし、高い基準を満たせなかったという経験をするたび、完璧主義の度合いは弱まり、肩の力が抜けていきます。

心に宿る不安とは裏腹に、ルールを破って基準を下げても、実際には大半の人が自分のことを好いてくれるということがわかるでしょう。それからは、もっとリラックスして、積極的に人と接することができます。一緒にいて心地がよいと言ってくる人も現れることでしょう。

努力し続けるのをやめて、ありのままの自分でいることが許された経験をすれば、自尊心を取り戻せます。基準を下げることで、豊かな人間関係を築けるようになるでしょう。こうして、あなたは好循環に入っていくのです。

基準を下げるのは、勇気がいること

とはいっても、これまでの人生で、自尊心の低さを補うためにずっと高い代償を払ってきたのなら、それをやめるのは恐ろしいことに感じるでしょう。

でも、少しずつ慣れていけばいいのです。もし、これまで誰かに助けを求められ、それに応じてきたのなら、ときには断ることも覚えましょう。第一歩として、努力の度合いをほんの少し抑えるようにしてもいいでしょう。

たとえば、友人に子どもを預かってほしいと頼まれたら、こう答えてはどうでしょう?

「いいよ、預かってあげる。でもほかにやりたいことがあるから、21時までね」

基準を下げることで、まわりの人が離れていくのが怖いという人もいるかもしれません。確かに、場合によっては実際に人が離れていくこともあるでしょう。

たとえば、とても親切で、気遣ってくれて、思慮深い友を持つのがラクで便利だからという理由で、あなたを友人に選んだ人が何人かいても、おかしくはありませんよね。

そういう人たちは、サービスするのをやめた途端に、興味を失い去って行ってしまうかもしれません。実際、サービスをやめる前に、友を失う覚悟を決めておいたほうがよいでしょう。

問題は、「一緒にいてラク」という理由だけであなたを選んだ人を、友人としてつなぎとめる価値があると、あなたが思うかどうかです。または、「ラクだから」というだけで友だちになったわけではないのかを、リスクを冒してまで確かめる価値があるかを。

とはいえ、友人が全員離れていくということはまずないでしょう。何人かはひょっとしたら離れていくかもしれませんが。

その代わり、あなたが何かしてくれるからではなく、ありのままのあなたを好きでいてくれる本当の友人が誰なのかを、見極められるという利点があります。

思いきって本来の自分をさらけ出す

あえて試してみてよかった。自分の価値を信じられるようになった。
せっかくだから力を抜こう。
ひょっとしたら私は、自分が思っているよりおもしろい人間なのかもしれない。
私はもっとリラックスしている。
今、私はここに2時間いるけれど、いつもほど疲れていない。

自分の足枷になっているルールを守るのをやめれば、自分らしくいられるようになります。融通の利かないルールに縛られなくなることで、行動の幅も広がります。とはいっても、恐怖心が体の奥底に染みついていて、言葉ではどうにもならない場合もあるでしょう。そんなときは、経験がものを言います。思い切って小さな一歩を踏み出せば、新たな経験が体のなかに入ってきて、大きな変化をもたらします。

「私は、職場でほかの人に気をつかってばかりいるのはやめようと心に決めました。まず、近くの席の同僚に、大きな声で電話をされるのがいかに迷惑か、伝えることにしました。前の晩はほとんど眠れませんでした。頭のなかでさまざまなシナリオを描き、心のなかでリハーサルを繰り返しました。その同僚が怒って席を立ち、上司のところに行って、ほかの人と席を替えてくれと言い出すのではないかと心配しました。当日の午前中、私は話を切り出すチャンスをじっとうかがっていました。ところが休憩時間が来ても、勇気が出ません。

昼休み、散歩に行き、オフィスに戻ると、深呼吸して、思い描いていたセリフを口にしました。するとその場がしんと静まり返りました。心臓が高鳴り、呼吸するのもやっとで、顔を上げることもできません。たったの数秒が何時間にも感じられました。そして、相手の女性はこう言ったのです。『もっと前に言ってくれたらよかったのに。でも打ち明けてもらえてよかったわ。一緒に解決策を探せるのだから』

これはいい経験でした。私はその後、彼女を前より好きになっている自分に気づかされました。彼女も同じだったと思います。私たちは以前より多くのアイデアを共有するようになりました。この経験で私はふっきれました。その後、家に帰った私は、夜中に目が覚めたからといって電気をつけるのがいかに迷惑か、夫に伝えることができたのです」

リーネ（43歳）

多くの人は自分の価値が信じられないがゆえ、高いリスクを冒してまでチャンスをつかむことなく、生涯を終えます。自信が持てるようになる前に、チャンスをつかんだほうが近道なのに。自信は後からついてくるものです。でもそれは無謀でもあります。

愛される価値のある人間になるためにさまざまな努力をしているとしたら、やるべきなのは、〝努力するのをやめること〟です。ほかの人から距離を置かれないよう、自分のある面を隠そうとあれこれ努力しているなら、同じくその努力はやめるべきです。

あなたは愛される価値があるということを示さなくても、ありのままの自分を愛して欲しいという夢を必ずや心のなかに抱いているはずです。

その夢がかなう1つ目の条件は、勇気を出して、自分が何者かを示すこと。

本当の自分を見せることでまわりの人が逃げて行くのが怖かろうと、見せかけの自分とは決別してください。確かにそうすることで恐怖に身をさらすことになるでしょう。でも、逃げていかなかった人との関係が深まるかもしれません。

皆の期待通りのよい自分になる努力をやめ、ありのままの自分を見せるようにすれば、人生にさらなる喜びを与えてくれるような新しい体験が待っていることでしょう。これまでの人間関係で味わってこなかったような新たな体験が。完璧じゃないところを見せても、自分を好きでいてくれる人がいるという体験が。

これら新しい体験が恐怖の解毒剤の役割を果たし、自分らしくいる勇気を呼び起こしてくれるのです。同時にほかの人との交流に積極的になることができ、より長い時間、社交の場にいられるようにもなります。

HSPが抱えやすい心の問題 2

罪悪感と羞恥心に苛《さいな》まれてしまう

自分の力が及ばないことにまで罪悪感を抱く必要はない

罪悪感は2つの種類に分けられます。

●現実的な罪悪感——ほかの人を煩わせることをしたとき、そのことを自分自身に警告するもの

●度を越した罪悪感——不釣り合いで過剰なもの

罪悪感と力は表裏一体です。罪悪感を負う人は、そのことに対して力を持っているということです。母親の誕生日に雨が降ったのが私のせいでないのは、私が天気に対し何の力も持たないからです。一方、母が誕生日に一人ぼっちでいるとすれば、その責任の一端を私が担います。両足を骨折して入院していたりするのでない限り、顔を見せることができたはずだからです。

罪悪感が、自分の影響力に比例しているのであれば、それは現実に即した感情です。あなたはほかの人たちの喜びもしくは痛みのもとになっています。だから、誰かの痛みの原因になっているのであれば、償いをしようとするのがよい場合もあります。できることなら相手に聞いてみてください。

「あなたの痛みを減らすために、私にできることはない？」

返答できることがなくても、きっと相手は聞かれて嬉しいはずです。

ＨＳＰにとって、謝罪し改善することは難しくないことがほとんどです。むしろ、深刻にとらえすぎて、度を越した罪悪感を抱き、謝りすぎてしまうかもしれません。

でも、謝るのをやめて、罪悪感とともに生きられるようにしたほうがよいときもあります。罪悪感とともに生きるのは、自分が下した選択に対し、支払わなくてはならない代償なのです。

心理セラピストのベント・ファルクはこの罪悪感を、「存在の付加価値税」と呼んでいます。

たとえば、祖母に勧められたのと別の進路を選んだことで、祖母をがっかりさせたことがあるなら、たくさん謝ったり説明したりとさまざまな償いをすることで関係を修復しようとするのではなく、罪悪感とともに生きるのです。

祖母をがっかりさせてしまったという罪悪感は、自分の気持ちに正直でいるために必要な代償だったのだ、と自分に言い聞かせましょう。そして正直さというのは、それだけの代償を支払う価値があるものだということも自分に言い聞かせるのです。

一方、自分の力を及ぼせないことに対しても、罪の意識を感じるのであれば、その罪悪感は行きすぎています。ゼロでないにしても、限られた影響力しか持たない場合も同じです。

もしも、つい今しがた言ったことに罪悪感を抱くのなら、相手に対する自分自身の権力や存在意義を過大評価しているということになります。

「罪悪感とは実際のところは、自分自身に向けられた怒りだ」という人もいます。これはときと場合によっては、正しいでしょう。ただ私には、「罪悪感は、無力感と悲しみから自身を守るために抱くものだ」という説明のほうが的を射ているように思えることが多く見受けられます。

たとえば結婚生活がうまくいっていないとき、相手が自分を愛していないという現実を直視するよりも、自分のせいだと思うほうが傷つかずに済むでしょう。でも、罪があるのは、その物事を変える力のある人です。結婚生活がうまくいっていない原因が自分にあると思うのなら、自分を変えるときです。そして自分を変えることに気をとられている間は、事態がいかにまずいことになっているか、考えるのを避けられます。

病気になったとき、その責任が自分にあると感じる人もいます。そういう人たちは、十分に健康的な食事をしてこなかったからに違いないとか、運動不足のせいだとか、あれこれ言って自分を責めます。

私が病気になって、その責任が病気になった私自身にあるのなら、私は病気を消し去る力を持っているということになります。そのためにライフスタイルを変えることからはじめるでしょう。

しかし、ここでは命というのは不確かなもので、自分がどんなに健康的な生活を送ろうが、病気にならないという保証はない、という事実が見過ごされてしまっています。そして、死というものは遅かれ早かれ誰にでも訪れるということも。

生命の危うさと自分の無力さに向き合えば、過度な罪悪感に苛まれる必要はないのです。

子どもたちは家庭内の雰囲気が悪いと、自分のせいだと思ってしまいます。

これは親としての能力を欠いているかもしれない両親に責任を託すよりも、罪悪感と力を自分自身が背負いこむほうが心の平穏を保てるからです。自分に罪があると考える子どもは、自分をまず変えようとします。なるべく扱いやすい、いい子になろうとするのです。

子どもは、両親が間違っているという現実を直視することもできますが、それはあまりに恐ろしいことに感じられるかもしれません。なかには父親と母親は間違いを犯さないという揺るぎない理想像を、死ぬまで胸に抱き続ける人もいます。

そしてそういう人は、過度にネガティブな自己像を描いている場合が多いのです。恵まれない、愛情を欠いた子ども時代を過ごした人ほど、両親を理想化してしまいがちです。

両親と自分との関係を考え直すのは、大人になってからがよいでしょう。大人になれば、子どものときに立ち向かえなかった現実を受け止められるからです。

できることなら心理療法士の助けを借りて、子ども時代を追体験してみましょう。まだ子どもで親に頼っていたときは感じる勇気も余裕もなかった感情を抱くことができるかもしれません。

その後は、父親像、母親像が変わるとともに自分の自己像も変わりえます。子ども時代から抱き続ける、行きすぎた罪悪感から解放され、大きな安心感がもたらされるでしょう。

本来背負うべき以上の罪悪感を抱え込まない

私たちはときどき、物事をオール・オア・ナッシングで考えてしまいます。責任はすべて自分にあるのか、まったくないのか、そのどちらかに。ところが実際は、その真んなかであることが多いのです。以下に、自分に罪があると感じたときに、やってみるとよいことを紹介します。これをすると、罪悪感の度合いが適切なのか、度を越しているかを調べられます。

あなたは、ほかの人が不幸なのが自分のせいだと感じているとします。たとえば、あなたの姉か妹が鬱《うつ》だとします。彼女の心の健康に影響を及ぼすあらゆる要素をリストアップしてみてください。リストに挙げられるのは、例を挙げれば、次のようなものでしょう。

●仕事

●社会的スキルの欠如
●経済状況の悪さ
●健康状態の悪さ
●不幸な子ども時代
●夫婦関係
●私（彼女の姉または妹）

項目を挙げ終わったら、あなたが考える各要素の影響力の大きさをパーセンテージで表してください。

たとえば、仕事24％、社会的スキルの欠如13％、経済状況の悪さ10％、健康状態の悪さ11％、不幸な子ども時代12％といった風に。

●仕事　24％
●社会的スキルの欠如　13％
●経済状況の悪さ　10％

●健康状態の悪さ　11％
●不幸な子ども時代　12％
●夫婦関係　25％
●私 5％

私はよくクライアントと一緒に、こういうグラフをつくります。

クライアントは責任をあまりに感じなすぎるか、その反対に、極度に感じすぎているかのどちらかにはっきり分かれます。クライアントがＨＳＰの場合は、たいてい後者になります。

そういうときに、このようなグラフは、大いに開眼させてくれるのです。

「全部自分のせいだ」と思っていた人の意識が、「私の責任の度合いは5％だ」に変わることで、ほっとする場合もあります。

しかし、行きすぎた罪悪感から解放されることが、喜びのみをもたらすわけではありません。

人によっては、自分は実際には状況を変えるだけの力を持たないということを目の当たりにするのは、やや恐ろしく思えることもあるでしょう。

羞恥心から解放されれば、もっと自由で正直に生きられる

罪悪感は〝自分がやってしまったこと〟に対して抱くものですが、羞恥心というのは〝自分自身〟に対して抱くものです。

罪悪感というのは、自分が何をしたせいだったのか、自分が何を怠ったせいだったのか言うことができます。そして、その罪悪感が妥当なものなら、過ちを正せばいいですし、妥当でないなら、罪悪感の量を調整することができます。

ところが羞恥心については、そうはいきません。その原因が何なのかわからなくて、言葉で言い表すことができないのに、恥を感じてしまうのです。

羞恥心は、自分の何かが間違っているのではないかというぼんやりとした予感と、それが明るみに出てしまうのではないかという恐怖心が入り交じっています。羞恥心を感じると、どこかに身を隠したいと思いますし、誰かが自分に近づこうとすると、

怒りを示してしまうかもしれません。

羞恥心は、自分に根本的な欠陥があるという感情であり、それはなかなか口に出せないものです。恥じていることを恥じることが多く、羞恥心を抱いていることを言わない傾向があります。

特に、満たされない子ども時代を送った人は、羞恥心が芽生えやすくなります。たとえば、次のようなケースを想像してみてください。

●お父さんかお母さんに、何かを見せようとしたり、何かをあげようとしたときに、無視されたり、突っ返されたり、叱られたりした。

●母親の感情に敏感な小さな子どもが、母親の膝にはっていき、首元に抱き付くと、母親がすっと立ち上がり、「忙しいの」「いい子にして向こうで遊んでらっしゃい」と言う。

こうした子どもたちは、その体験から自分がしたことは間違っていると感じるでしょう。そして、その子が思いやりを示そうとしたときに、似たようなことがたびたび起これば、ほかの人に思いやりを示したいと思うことを恥じるようになるかもしれないのです。

その子は、思いやりを示すことを完全にやめてしまうか、さらに悪いことに、思いやりを示したいという衝動が湧きあがっても、自分ではそのことをまったく感じなくなってしまうかもしれません。

こういう例もあります。

部屋に1人でいるのが楽しいと思っているのに、「元気な子は外でほかの子どもと一緒に遊ぶものだ」と言われた子がいるとしましょう。その子は、部屋に1人でいるのは間違ったことだと思うようになるでしょう。部屋で1人くつろぐときには、いつもこそこそするようになるかもしれません。もしくは、誰かに1人でいることをとがめられたなら、その子は1人でいることを恥じるようにさえなるでしょう。

多くの人が、自分の羞恥心を口に出すことなく生涯を終えるでしょう。しかし、その一方で、羞恥心と闘うことで、正直で自由に生きる道を見いだす人もいます。恥の感情を昇華させることができるのは、古い経験を打ち消すような新しい体験です。思いやりを示したいと思うことを恥じる子どもは、今は恥じていても、いつかは再び勇気を取り戻し、ほかの人に思いやりを示そうとするかもしれません。

はじめのうちは恐ろしくなって、腰が引けてしまうかもしれませんが、誰かに思いやりの心を受け止めてもらうことができれば、それは本人にとってかけがえのない経験になります。たくさん練習すればするほど、その行動は次第に自然に感じられるようになり、羞恥心はすっかり消え去ってしまうでしょう。

羞恥心が徐々に解消されていく方法

ＨＳＰが羞恥心を抱く事柄の例としては、次のようなものがあります。

●ほかの人が遠くに行ってくれたらいいのに、とときどき願ってしまうこと

●素早く返答できないこと
●競争について行けないこと
●ほかの人のように、物事を軽く受け止められないこと
●ほかの人よりも先に疲れてしまうこと
●自分では興味の持てない表面的な話をみんなが楽しそうにしていて、
　途方に暮れてしまうこと

　恥じていることや隠したいことが多いと、会話をするのは難しくなります。秘密を守ることにエネルギーを使うため、言葉がすらすらと出てこなくなるのです。

　HSPが心を開く勇気を持つ1つの方法は、ほかの敏感な人の話を聞くことです。私が開くHSP向けの講座で、1人が失敗談をオープンに話し出すと、まわりもつられてオープンになるのを目の当たりにしてきました。ほかの人も同じなんだと知ることは、嬉しいことなのです。きっと、参加者たちは講座から帰宅し、いつもは心にしまっていたことを言葉に表しはじめたでしょう。それは羞恥心から脱するよい道筋です。

「私は、母親が家に来るとき、いつ来て、いつ帰るのか、事前に約束するようになりました。そして今は率直にこう言います。『お母さん、私は人と関わりたいと思っているけれど、それは短い時間に限るって知っているわよね。長時間ぶっ続けで誰かといると、へとへとになってしまうの』と。

母ははじめの頃は、私の態度が変わったと何度も言いました。でも今は慣れて、そういうものだと思っているみたいです。私はというと、母が来るのを楽しみに思うようになりました。いつ母が帰るのか知るようになってから、ぐんと対応しやすくなったのです」

インガー（50歳）

HSPが抱えやすい心の問題　3

恐怖心を感じ、憂鬱《ゆううつ》になりやすい

恐怖心を感じることは悪いことではない

敏感な人の多くは、恐怖心と闘っています。HSPである私たちは、想像力が豊かで、独創的に物事を思い浮かべる能力に長《た》けています。新しい可能性を考えるのが得意なために、物事が悪い方向に行く可能性も見えてしまうのです。だからこそ、不安を募らせることになるのです。しかし、この能力のおかげで私たちは、たくさんのことに備え、対処することができ、アクシデントや失敗を回避できます。

恐怖を感じること自体は、自然なことです。恐怖心があまりない人もいますが、そういう人たちは無謀なことをして、危険を招きかねません。だから、たいていの親は、思春期になった自分の子どもが、夜中に見知らぬ街の危険な路地に入ることに恐怖心を抱くことを願うでしょう。

実際、ＨＳＰの少年少女たちは、外の世界でも危なげなく過ごしています。彼らは注意深くて、安易に薬物に手を出しませんし、法律もそうそう破りません。そして、ほかの子たちよりも、安全運転です——運転免許をとる勇気があればの話ですが！

恐怖の程度は、ちょっとした不安を引き起こすものから、激しいパニックを伴うものまでさまざまです。私のクライアントのなかには、はじめのうちは「恐怖なんて感じない」と言っていた人もいます。ところが、私が恐怖とは何なのかもう少し話すと、自分たちが持つ症状が実は恐怖によるものなのだと気づきます。恐怖によって現れうる症状の例を挙げてみます。

激しい鼓動　心臓の圧迫感　呼吸困難　震え　発汗
うまく立てない　めまい　飲み込むときに喉が痛む

神経質になる　そわそわする　心配になる　不安になる
なかなかリラックスできなくなる　すぐに心が乱れる

ちっとも怖くないと言う人は、現実を真に理解してはいません。人生とは危険なものです。私たちには死が訪れますし、それがいつかはわかりません。先は見えませんし、今日下した選択の結果がわかるのは、何年もたってからかもしれません。人生を不確かに感じることは、まったくもって自然なことです。

でももし、恐怖心が人生の自由を妨げるのであれば、治療を受けるのもよいでしょう。認知療法で過度の恐怖を感じることはめったにありませんし、恐怖に向き合うさまざまな技術を学ぶことができます。同じ認知的手法が、抑鬱《うつ》状態にも効果を上げます。

とはいっても、認知療法により問題が完全に解決されることは稀です。ですが、過度の恐怖や、不幸のどん底にいるような気分が払拭《ふっしょく》されることもあり、受けるだけの価値はあります。

恐怖や憂鬱な気分を感じやすい人は、優しく接してもらえて、安心感のある環境で育つことができなかったということが影響していることが多くあります。タフな子どもにはささいなことに見える経験も、ＨＳＰの子どもたちにとってはトラウマになることもあります。

心理医であり、神経系の専門家でもあるスーザン・ハートの言葉を見てみましょう。

「まわりに敏感に反応する乳児は、刺激に特に繊細です。（中略）思いやりに溢れた安全な環境で育った子どもは、まわりで起きている出来事に参加したがり、共感し、喜び、関心を持ち、適応することができます」スーザン・ハート、２００９年

生育環境に恵まれた敏感な子どもは、その敏感さを強みとすることを覚えます。しかし、幼少期に思いやりのある十分なサポートを受けられなかったとしても、大人になってから、自分で自分を支え、敏感であることのプラス面を引き出し、それが財産となるように自分の人生を切り開いていくこともできるのです。

"憂鬱"の魔のループを小さな成功体験で断ち切る

憂鬱な気分になると、自分自身のことや将来の可能性について、ネガティブに考えてしまいがちです。誰しもネガティブに考えると疲れます。そして、疲れていると、よりネガティブに考える傾向があります。こうして悪循環に陥ってしまうのです。この悪循環は次の方法で断ち切ることができます。

まず、疲れないようにするために、できることがあります。憂鬱な気分になった人はベッドに入り、たくさん睡眠をとろうとします。でもここで知るべきなのは、疲れというのは悲しみが形を変えたものであるということです。眠っても、悲しいことはなくなりません。気分が重いとき、本当に必要なのは、睡眠よりも成功体験です。

目標を低く設定するなら、ベッドから出て、郵便ポストの郵便物をとりにいくだけでもいいかもしれません。これは成功体験となりやすいでしょう。自分が何をしたいのかわからなくても、とりあえず何かしてみてください。

たとえば、昔好きだったことをしてみてもいいでしょう。やっているうちに、楽しくなってくるかもしれません。楽しい活動は、活力となります。本書の巻末にある「ＨＳＰのためのアイデアリスト」を参考にしてみてください。


「私は気分が悪くなったときには、やることリストを取り出して、しばらくやらずにいたけれど、きっと満足いく進歩をもたらしてくれるであろう項目を見つけます。

それはあまり気乗りしないものが多いかもしれません。だから長い間、手つかずのままだったのです。しかし不快なことでも問題ありません。どちらにしろ私の気分は最悪なので、今より大幅に悪くなることはないからです。たとえば配水管の掃除を終えたら、ある程度気分がよくなるのはわかっています。恐らくマイナス８がマイナス７になる程度でしょうが。

でも私は気分が上向きになったのを感じることができますし、そのことが私の希望につながります」

イェンス（55歳）

自分で思考をコントロールして、落ち込むような発想を避ける

感情は直接的にはコントロールできません。

たとえば、クリスマス・プレゼントにへんてこなものをもらったときに、喜ばしい気持ちにはなりません。せいぜいできるのは、喜んでいるふりをすることぐらいです。同じく、怒りやジェラシーといった感情が湧き上がってくるのを抑えることもできません。そんな感情は、感じないほうがずっと心地よいのに。

それでもなお、自分の感情に自分が１００％無力でないのなら、それは自分の思考が感情に影響を及ぼしているからです。感情や思考は互いに影響し合います。直接、感情をコントロールすることはできませんが、思考ならある程度コントロールできるので、どこに意識を向けるか選択することができるのです。

同じ出来事が起きても、考え方次第で全く異なる感情が引き起こされうるのです。

たとえば、道で同僚と会って、相手があいさつしてこなかったとしましょう。この

ことについていろいろな考え方ができます。

「私に怒っているんだ」と考えた場合、怖くなるかもしれません。「いったい何のつもり！　あいさつしなさいよ」と考えるなら、たちまち怒りが湧いてくるでしょう。「私のことが見えていなかったんだ」と考えたなら、特別な感情は生まれませんし、「目が悪いんだな。私は視力がまだ落ちていなくてよかった。眼鏡をかけなくても見えたわ」と考えるなら、喜びが湧いてくるでしょう。

憂鬱になりやすい人は、物事をネガティブに考えすぎる傾向があります。同僚にあいさつされなかったことをきっかけに、ネガティブ思考の連鎖がはじまることも大いにありえます。

「どうしてあの人は私のことが好きじゃないんだろう？　ひょっとしたらこの前の月曜日、私が少し遅刻したからじゃないかしら？　去年も1度、遅刻したっけ。ほかの人は皆、ちゃんとしているのに、私はほかの人と違って要領が悪いから。あの人は間違いなく、私のダメさかげんに気づいているはずだわ……」

ネガティブ思考の持ち主でも、制御できなくなる前にネガティブ思考を断ち切ることで、思考をもっと上手にコントロールできるようになります。

たとえば、職を失ったとします。「この仕事で、あまり成功できなかったのは、どうしてだろう？」と自問すれば、自身の誤りに注目してしまいます。一方、「どうして私はホームレスにならずにすんだのだろう？」と自問したとします。そうすると、自分の資質に注目することになります。

なんでもポジティブに考えればいいという話ではありません。他人をすぐに信用する人は、痛い目に遭うかもしれません。「講演で何を話そうと、きっと皆は私の発言を素晴らしいと思うだろう」と考えたとしたら、私は講演の前に準備をしないかもしれません。でも、きちんと準備をしてきていない人の話を、長時間、聞きたいと思う人はいないでしょう。

これは物事をできる限り現実的に考えられるかどうかの問題です。

もしもあなたがまわりの世界をポジティブにとらえすぎているのであれば、楽観的な見方をあらため、ありのままに世界をとらえる必要があるでしょう。そうすることであなたはずっと上手に世のなかを渡っていけるのです。

もしもあなたが物事をネガティブに考えるきらいがあるのなら、悲観的すぎる見方を変えることで、世界や自分自身をネガティブにゆがめることなくとらえられるでしょう。それがうまくいけば、あなたの気分はよくなり、活力を得ることができます。

あなたの感受性がとても強いなら、ネガティブに考えやすいでしょう。タフな人たちのように、物事を軽く受け止められるようにはなかなかなれません。すぐに警戒してしまうのは、個性の1つなのです。それはある意味、賢明なことです。

無理に楽観的にならなくていい

周囲の人から、「気持ちを落ち着けて、不安に思わないようにすればいいだけのことだよ」と言われたことがあるかもしれません。これはタフな人たちの間ではまかり通る道理なのかもしれませんが、繊細な神経の持ち主には通用しません。考えうる最悪の事態に備えるのが得策です。そうすれば、さほど打ちのめされずに済みます。

「私には、生まれつき心臓に疾患のある息子がおり、最悪の事態を想定し、息子が手術を受けることになるかもしれないと考えていました。友人たちは悪気なく『もっと希望を見いだせ』『ネガティブに考えず、ただ最善を願えばいいんだ』などと言い、心配しすぎだと助言します。

ある検診の日、私は友人の助言に従いました。子どもと病院のドアをくぐり抜けながら、『きっとうまくいく』と希望的な言葉を自分自身にかけました。しかし、私が望んでいたようにはなりませんでした。検診結果は悪く、息子は手術を受けることになりました。ショックで、脳と体のつながりが断たれたかのようでした。

当時12歳の息子がおびえていたというのに、私は動揺してしまい、先生に支離滅裂な質問をした後、病院にいることに耐え切れず、家に戻り、膝から崩れ落ちました。

でも、手術の日までには自分の声に耳を傾けられるようになり、手術で起こるあらゆる可能性について深く考え、最悪のケースも覚悟しました。そのため、手術中ずっと息子のそばに立ち、息子が人工呼吸器を外さなくてはならなくなり、夫が耐えきれず部屋の外に出て行っても、私はそこにとどまっていることができました。覚悟ができていたからです。

今でも、常に最悪の事態を想定するようにしています。家族は『悲劇が起きることばかり考えるのはやめたほうがいい』と言います。でも、予期せぬ事態が起きてショックを受けるぐらいなら、最悪のケースを想定しておくほうが、私には合っているのです。そして良い結果が出るたび、心のなかで『よかった!』と叫ぶのです」ルイーセ（41歳）

恐怖心を招く真の原因をみつける

知らない人と会うのを避けるHSPのクライアントがいます。

傍《はた》からは、知らない人を恐れているように見えるのでしょう。一般的なセラピストは善意から、知らない人と会うことにできるだけ何度もチャレンジするようクライアントを励まします。そうすることでクライアントが知らない人と関わるのがうまくなると考えるのです。

それは、HSPであるのがどういうことなのかを把握していないセラピストによるカウンセリングです。そんなセラピストは、「知らない人がたくさんいる場所を探して、その人たちと接する練習をするように」という課題を出すかもしれません。

しかし、知らない人を避ける本当の理由は、恐怖を感じていることではないのです。ＨＳＰであるそのクライアントは、知らない人と会うと、強い刺激を感じてしまうため、その刺激から自分を守ろうとしているだけなのです。

そのため、知らない人と会うようプレッシャーをかけられると、疲弊してしまい、本来の直感力や状況把握力が弱められてしまいます。それにより、知らない人に対する不快感がむしろ増幅されてしまうのです。

ＨＳＰのなかには、繊細でないセラピストのところでセラピーを受け、ほかの多くの人と同じようになるよう励まされたという苦い経験を持つ人もいます。そういう人たちは、短所を克服するために努力するよう勧められ、「話す前に考えこむのを止めなさい」、「より自発的になりなさい」と言われ、複数のリスクを負わされてしまいます。

ほかの例を挙げてみましょう。

お昼休み、食堂で気まずい思いをしたことのあるHSPの話です。その人はセラピストから、「恐怖心を感じているものにできるだけ頻繁に挑戦して、恐怖に立ち向かわなくてはならない」と言われました。

この方法は、タフな人には適しています。でもHSPにとっては、問題ははるかに複雑です。もしかすると、食堂は騒がしく混沌《こんとん》としすぎていて、居心地がいいとはなかなか思えないかもしれません。または、食事中の会話が表面的すぎて、どうしても関心を持てないのかもしれません。

HSPはあまり会話に加われず楽しめないと、自分を責めます。会話に完全に加われていて、楽しいと思っているふりをするとき、HSPは別の自分を演じます――そしてそれにより恐怖心が生まれるのです。

HSPのなかには、緑豊かな近くの公園などへ行き、1人で食事をしたほうが満足できる人もいます。みんなが食堂に行くなか、事務所に残って、そこで食事をとることを選ぶ人もいます。

HSPの人は、第一にありのままの自分を好きになる必要があります。そして、自分にとって過度となる刺激が生じないよう、周囲の環境を整える必要があります。それができれば、問題の多くが自然と解決され、ぐんと上手に立ち回れるようになり、人と関わることに非常に意欲的になり、社交性が出てきます。

敏感すぎるという性格を理解し、それが自分に当てはまると知ることには利点がありますが、その反対に気をつけるべき点もあります。それは、神経が敏感になるのには、ほかに理由があるかもしれないということです。

もしもトラウマを抱え、ＰＴＳＤ*（心的外傷後ストレス症候群）を患っているのであれば、ＨＳＰのようにナイーブで心配性になります。（*ＰＴＳＤ：トラウマが原因となっている精神的苦しみ。たとえば戦争のトラウマ、暴行、強盗、まわりの人が亡くなった経験など。ＰＴＳＤの人は、過度に警戒心が強く、非常にナイーブな神経の持ち主です。ＰＴＳＤの症状の１つに、思い出さないようにしても、トラウマのつらい記憶が傷ついた意識に現れるフラッシュバックがあります。しかし、ＰＴＳＤは治ります。適切な治療を受けることが大事です。）

そのため、自分のことをＨＳＰだと思っている人は、本当はＰＴＳＤであっても、必要な治療を受けようとは思わない可能性があります。ほかの精神疾患にも同じことが言えます。ＨＳＰの人だって、精神疾患を抱えることはあります。ＨＳＰであっても、精神疾患の治療を受けるのを拒否しないことが重要です。

人は悲しみから目を背けることで、不安を感じやすくナイーブになることもあります。クライアントのイェンスは、妻が家を空けているとき、恐怖に近い大きな不安を感じ、苦しんでいました。

認知療法と薬物療法の両方を試しましたが、十分な結果は出ませんでした。彼は4歳のとき、祖母を亡くしていました。祖父母を亡くすのは、多くの人が経験することなので、イェンス自身はそれが特別なことだとは考えていませんでした。

しかし、話を詳しく聞くと、幼いイェンスが暮らす家には、祖父母も同居しており、母親が有能なキャリアウーマンで忙しく近寄りがたい人だったため、イェンスを育ててくれて、彼と最も強い絆で結ばれていたのは祖母だったのです。祖母が亡くなったとき、一家はどうにか彼を〝傷つけない〟ようにするために、イェンスに埋葬のことを知らせず、参加もさせませんでした。

私が祖母への別れの手紙をしたためるよう言うと、イェンスには悲しみが溢れ出してきてしまいました。しばらく悲しみに向き合った後、イェンスは前よりずっとタフになりました。もしもイェンスが、ＨＳＰである以外には自分に変わったところはないと思っていたのなら、悲しみから解放されるための助けを求めることはなかったでしょうし、そのための適切な支援を得ることもできなかったかもしれません。

人は子ども時代のトラウマと向き合うことで強くなれます。ただし、トラウマによっては、セラピーを通して向き合うことで増幅するものもあるということを忘れないでください。

「自分はＨＳＰなだけだ」と考えないことも大切です。ＨＳＰであると同時に精神疾患も抱えているということも大いにありうるのです。

ＨＳＰの人は、ＨＳＰであるということだけに照準を合わせて人生を送らないようにしたほうがよいでしょう。

怒りをうまく放出できない

共感力が高く繊細なため、怒りや諍《いさか》いのダメージを受けすぎる

ＨＳＰは怒りというものを好みません。

怒りは強烈なエネルギーです。ＨＳＰの人が怒ってレッド・ゾーンに入ると、すぐに白黒つけようとして、ほかの人の立場に立って考える能力を一時的に失ってしまいます。これはＨＳＰの人たちが自分でも好きになれない特徴です。

ちょっとした喧嘩は人によっては新鮮に思えるかもしれませんが、ＨＳＰの繊細な

神経のバランスを乱される危険性があります。そしてその後、バランスを整えるのに、長い時間がかかります。

実際、多くのＨＳＰは怒りが絶頂に達したとき、その怒りを露わにした結果、いい目に遭ったためしがなく、自分自身の怒りに大いに振り回されてきたことでしょう。

問題は、そのときにＨＳＰの人が感じるのが、自分自身の感情に留まらない点です。ＨＳＰは相手の感情まで敏感に察知します。

そのため、自分で誰かを傷つけてしまった場合、その人の痛みを無視するのが難しく、自分自身も傷つきます。その痛みは強く、罪悪感や恥の感情を抱いてしまうかもしれません。

誠実で思慮深いがゆえに、諍《いさか》いが苦手

ＨＳＰのように特別に感受性の強い人は、攻撃されることに弱いと思われがちです。しかし、そうではなくて、単に「喧嘩したい」という感情を持ち合わせていないだけ

なのです。

喧嘩が得意でないのには、ほかにも理由があります。

突発的な喧嘩に勝つのは、相手を傷つけることを重くとらえない人や、勝つためにはいかなる手段もいとわず、倫理的しがらみに縛られない人、議論の内容ではなく、個人を攻撃しようとする人です。

だから、短時間で行われる喧嘩にＨＳＰは負けてしまいます。敏感な人であるなら、さまざまなことに気を配りますし、譲れない価値観があるゆえ、負けるのも不思議ではありません。


「意見がわかれてしまい喧嘩になったとき、たいてい自分のほうが引くので、私は自分のことをずっと弱い人間だと思ってきました」

ヘレ（57歳）

ところがＨＳＰは長い喧嘩には勝てます。

怒りに直面した瞬間、黙り込み、静かになってしまうかもしれません。ところが2日もすれば、ふだん通りになり、自分が何を考え、何を感じ、何をしたくて、将来何の役に立ちたいのかを非常に正確に考えられるようになります。
またＨＳＰは自分の倫理に常に従っているわけでもありません。でも、世界が居心地のよい場所になって欲しいと願ってはいて、世界をそのような場所にするために努力するのは、建設的な方策だと考えます。

無理に相手に怒りをぶつけなくていい

私は何人ものＨＳＰと実際に話をするなかで、彼らが怒りについて問題を抱えていることを知りました。ＨＳＰのなかにはまわりの人から――主にセラピストから――「強い怒りをもって反応せず、存在感を示せないのは問題だ」と言われたことがある人もいるようです。しかし、詳しく調べてみたところ、ＨＳＰは異なる方法をとっていることがわかりました。

「私の仕事は、銀行のサポート・デスクで、ほかの人が結んだローン契約を承認することでした。契約を結んだ同僚がお客様に、『すぐに回答をします』と約束してしまったがために、15時に契約書を私のところに持ってきて、その日のうちに承認するように言ってくることがしょっちゅうでした。

そうすると私は残業しなくてはならなくなります。いら立たしくて、いい加減ストレスがたまりそうだったので、これ以上、引き受けるわけにはいきませんでした。そこで、相手に問題を示唆しましたが、のれんに腕押しでした。

私は怒鳴るのには向いていないので、別の方法をとることにしました。朝のミーティングで、『仕事が終わる寸前に急ぎの仕事を持ってくるのはやめてくれ、もっと余裕をもってほしい』と言ったのです。『ほかにやらなくてはならないことがあるのに、それを後回しにしなくてはならなくなって、時間通り家に帰れないのだ』と。訴えた甲斐あって、同僚たちは私の考えに賛同してくれました。晴れて急ぎの仕事は激減したのです」

ギッテ（54歳）

静かに落ち着いて、「ノー」とか「やりたくありません」とか「よくないです」と言うのは、大声を出して怒りを露わにするよりもよいでしょう。それで効果がない場合、前述の例でギッテがやったように、「これこれこうだからこうしてほしい」と因果関係をはっきりとさせるとよいでしょう。

以下はＨＳＰが、〝あまり繊細でない〟セラピーを受けた例です。

「一度、心理セラピストにひどく憤慨させられたことがあります。その女性セラピストは、私が慎重になるのをやめて攻撃的になれば、よりよい人生が送れると言いました。私は彼女の意見に同調しました。なぜなら、私もひそかに、怒りをうまく表せるようになれば、もっと自分の意思が通るんじゃないかと考えたからです。

でも今は、静かに落ち着いた口調で意見を言って、耳を傾けてもらえない時に、怒鳴ってもしかたないとわかっています。相手が私の期待するものを持っていないか、与えたくないだけなので、怒っても、状況は全く変わらないのです。今思えば、私自身を変えようとするセラピストの試みに、ノーと言うべきでした。大声で怒鳴ることで、要求が通るようになったとしても、そんな風にして自分の願いをかなえたいとは、ちっとも思いませんから」

ヘンリック（48歳）

右の例は特別なものではありません。ＨＳＰの多くが、セラピストからまるでＨＳ

Ｐが原始的な人間であるかのように上から目線に〝インテリジェントで思慮深い〟方法を用いて、手を差し伸べられた経験があると話します。

そもそもＨＳＰにとって、諍《いさか》いに加わるのはよいことではありません。怒りと怒りのぶつかり合いに巻き込まれることで、強い刺激を受けてしまいます。そして過度に刺激を受けて、たちまち無気力になります。

内側への語りかけが阻害されると、ＨＳＰは途方に暮れてしまいます。私はよく、喧嘩がヒートアップしたときに使える対処法を、カップルが自分たちで見つける手助けをします。たとえば「時間切れだ」と言って、後で会話を再開する時間を約束して、別々に散歩かジョギングに行くのです。

もしもあなたがＨＳＰなら、一旦諍《いさか》いから逃れて、自分の内面によい語りかけをし、あなた自身と相手の両方に愛情を示して、心を落ち着かせる必要があるでしょう。かつては、怒りの原因となっている相手の代わりに枕を殴ることなどで、怒りを克服できると考えられていました。怒りを表に出すよう熱心に言う背景には、そのような信条があるのでしょう。

しかし、ＨＳＰの人が、体を使うなどの攻撃的な行動に出ると、怒りは消えるどころか、逆に増します。怒りを増幅させてしまうのです。こういうときは、怒りの気持ちを誰かに打ち明けるか、緊張を解く練習をするほうがずっとよいでしょう。

「相手を叱る」と「自分を責める」の中間の行動をとる

諍いを好まない人は、ネガティブな感情は表に出さずに、何の問題もないふりをしてしまいがちです。自分自身に、「大したことないよ」と言い聞かせるかもしれません。

不快なことが起きたら、「相手を叱る」、もしくは「心のなかで自分を責める」のが一般的です。しかし、この2つの典型的な反応の中間の行動をとるべきです。

中間の行動とは、「自分自身について言及すること」です。その際、自分が感じたことを「中立的な情報」として、できるだけはっきりとした言い方をするべきです。

つまり、「あなたは私の気分を害した」と言うのも、「私は傷つきやすい」と言うのもよくないということです。

以下に中立的な言い方の例を挙げます。

●そんな目で見られると、お腹が痛くなっちゃう。
●言葉に気をつけてくれない？
●ピクルスよりも、サラダのほうがいいな。
●2人で決めた約束を守ることが、私には大事なの。

自分が何を好きじゃないのか言うなど、自分自身のことをはっきり話せば話すほど、自分が何を言いたいのかが明確になります。


自分が腹の内を見せればその分、相手との関係は深まります。

短期的に見ると――特にあなたが怒りを好まないのであれば――「大したことじゃない」と自分に言い聞かせるのが一番手っ取り早い方法です。

でも、長期的に見ると、それは悪い考えです。ネガティブなこともきちんと言わないと、あなたの人間関係が表面的で、不満が溜まったものになる危険性があります。限界をはっきりさせることで、よい人間関係が生まれます。

ＨＳＰが不適切な物事を拒まないのは、自尊心が低いのが原因かもしれません。

「私は、『何でもかんでも我慢するのをやめて、テーブルを叩きでもしたほうが、相手からなめられずに済むのに』とよく言われます。そして、善意から出されたそのアドバイスに従いました。でもいざやってみると、語気を強めなくてはならないのに、声は小さく、弱々しくかすれてしまいました。

今、私にはそれが自尊心の低さからくるものだとわかっています。心の奥底では、自分にこの世で生きる権利があるのか疑ってしまっています。自分のことを『間違った人間』だと感じているのです。人の輪のなかに入れてもらえるだけでも感謝しなくてはならないような人間だ、と。そして、他人に迷惑をかけてはならないと常に心掛けています。

私は、怒りを表さなくてはならないとき、恐怖心を過剰に感じます。それは怒りを感じることができないからでもなければ、どのように大声で怒鳴ればいいかわからないからでもありません」

イェンス（45歳）

イェンスのような人は、怒りと向き合う必要はありません。

たとえまわりから怒りと向き合うように、やいのやいの言われようとも、そうしなくていいのです。彼が向き合うべきなのは、自らの価値なのですから。

共感力を生かして相手の怒りに寄り添う

ＨＳＰは、相手の怒りに共感力を生かして対処することができます。

怒りというものは、傷つきそうな感情を隠すために表出することが多いものです。

ＨＳＰには、こうした隠れた感情に気づく才能を持つ人が多くいます。

この才能は非常に建設的に生かせます。傷つきそうな感情につなげて考えられると、怒りに向けていたエネルギーの矛先が切り替わり、回復のプロセスに心を向けられる余裕が出てくるでしょう。

さらに怒りの根底には、満たされなかった期待や要求が潜んでいます。

これはまた自分自身の怒りにも当てはまります。自分の共感力を、怒りの正体を探ることに用いてみてください。自らの望みを言葉に出すことができるようになるかもしれません。

望みに寄り添うことで、怒りは軽減されます。具体的には、自分自身や相手にこんなことを聞いてみてください。

自分自身へ――「私は今相手に、何を望んでいるのだろう？」

相手へ――「あなたは今私に何を望んでいるの？」

たとえあなたの望みが満たされなくても、また相手が満たそうとしてくれなくても、望みを言葉にするのはよいことです。

自分の望みや要求、また自分がいかにほかの人に頼っているかを認識することは、自らの怒りと距離を置き、健全な傷つきやすさ、共感力を身につけ、よい人間関係を築く1つの方法ともいえます。

怒っている人は基本的に、苦しんでいる人です。彼らは共感と愛を必要としています。ただし、あなたが共感や愛を示しても状況が好転せず、相手が怒りを爆発させ、不利益をもたらし続けるのであれば、もちろん度を越した振る舞いを許すわけにはいきません。

敏感な人には、一緒にいないほうがいい人もいます。HSPのなかには、だまされやすく、理想を信じ続け、次々と嫌なことをされても、このような関係性からいつまでも抜け出せない人もいます。

相手に大いに共感しながらも、心のなかでは、その人がいつか変わってくれるよう願っているのです。

距離を置いて物事を捉える練習をしてみましょう。

好きな人のことを思い浮かべ、その人があなたの立場だったらどうするか、想像してみましょう。

その人は、あなたに十分な共感と敬意を払ってくれていますか？　もしも答えがノーならば、相手に共感するのを少し控え、境界線をここまでと定め、行いを改めるよう求めてもよいでしょう。

「～すべき」と道徳化しない

「～すべき」というのは、さまざまなことを道徳化する際に、用いられる言葉です。その言葉で、自分自身やほかの人を道徳化できます。

たとえば、「私は子どもにもっといろいろなことをしてあげるべきだったのに」という言葉は、自分自身に対して下す道徳的審判のよくある例です。怒りの矛先を内に向け、自分自身を攻撃します。

ＨＳＰは、ほかの人よりも自分自身のことを道徳化する傾向があるでしょう。自分自身が設けた基準を満たせなくて自分を攻撃するのは悪い習慣です。

「両親にあれだけのことをしてもらったんだから、私はもっとうまくなるべきだったのに」

「両親が電話をしてきたとき、私はもっと感激するべきだったのに」

自分自身に対し、こんな風にネガティブな審判を下すことで、必要以上に重荷を背負いこんでしまうことがあります。その結果、過度に刺激を受け、疲弊してしまいます。

次のように言えば、道徳化の人さし指をほかの人に向けることにもなります。

「あなたはもっと私のことを考えるべきよ」

さらに悪いのは以下のような言葉です。

「私はあなたのためにいろいろなことをしてきたのよ。もうちょっと感謝すべきだわ」

こうやって道徳化することで高揚感を覚えるのであれば、せめて、頭のなかだけで自分自身やほかの人を道徳化するようにしましょう。これはきっと効果があるはずです！

「すべき」から「だったらいいのに」へ

願いと希望は区別できます。

希望はできる限り、現実と一致させなければなりません。おとぎの国でしか叶わないような希望を心に抱けば、やる気やエネルギーばかりを消費し、最終的にはそれらを無駄にしてしまうことでしょう。

夫の性格がいつの日か変わるよう望み、愛情に恵まれない結婚生活を送る妻がその例です。その希望を手放せば、その人は救われます。夫に変わって欲しいという希望を抱くのをやめることで、現実と向き合い、現実を受け入れるか、逃避するかを決められます。

その反対に、願いは完全に非現実的なものでいいのです。たとえば、亡くなったあの人が一瞬生き返ってくれればいいのに、などと。

心の奥深くで何を願うのかは、自分で決められるわけではありません。たとえば、できるなら自然のなかにいたいと願うのかもしれません。黄色が好きか、青が好きかも、自分で決めることではありません。自分の心の声に耳を傾け、答えを探すのです。ある意味、自分自身が願いだともいえます。

願いには人生が集約されています。願いとかけ離れた人生を送っている場合、自分の願いと向き合うのは痛みを伴う作業かもしれません。そうしたとき、自分自身で自らの悲しみと深く交信します。私自身は、激しい痛みにふたをすることで生まれる灰色で起伏の少ない感情でいるよりも、私自身の悲しみに触れて生きていると実感したいと願っています。

自分の願いに触れ、願いが叶う喜びが満たされないと、痛みを感じます。自分自身やほかの人を道徳化するとき、内に向かう自身の怒りに触れます。

怒りはより表層的な現象です。下に潜む繊細な感情よりも怒りをずっと感じ続けるのには、複数の要因があるはずです。怒りの下に隠れている悲しみを理解できていないのです。自分にわからないこと、影響力を及ぼせないことがあると認めることで生じる虚無感に耐えられないのでしょう。怒りを胸に抱いている限り、何かと闘い続けなくてはならないのです。闘えば闘うほど、感じる必要のあるものは、少なくなっていきます。

起きたことをその目で見るより、怒りを年老いた両親に向けるほうに意識を転換させたほうが、精神衛生上よいという人もいます。子ども時代は変えられません。恥を感じ、そこで生じる喪失感とともに生きていくことになります。あなたが現実を受け止めるとき、怒りは悲しみに変わります。

そして悲しみには癒やしの効果があります。悲しみは長期の時間を要するプロセスです。悲しみの渦中にいるときは、怒っているときよりもずっと、ほかの人から共感や愛を享受しやすいのです。一方で、怒っているときは、気をつかってもらえる機会はぐっと少なくなります。悲しみは思いやりを呼び起こしますが、怒りは思いやりを遠ざけます。

「ほかの人と同じようにするべきだった」は、「同じようにできたらよかったのに」に変えられます。ここで不満は影をひそめ、悲しみにとって代わります。また、「あなたは私をもっと助けるべきだった」は「あなたがもっと私を助けてくれたらよかったのに」、またはもっと簡潔に、「あなたの助けが欲しかった」に代えられます。

「するべき」と道徳化するよりも、願いに基づいた言葉として発することで、この本を読んでくださっているあなたが、感情がすっかり変わったと感じられるよう私は願っています。

できることならあなた自身やほかの人に対し、あなたがよく下すジャッジの1つを例にとり、それを「だったらいいのに」、または「〜して欲しかった」にかえてみてください。そうしてあなたの自己認識にどんな変化が起こるか感じてください。悲しみではなく、平穏が訪れるはずです。繊細な神経を持つ人にとって、そのほうが怒りを感じるよりずっとよいでしょう。

怒りを乗り越えて、悲しみを受け入れる

自分のなかに突然生じる怒りによって、ほかの感情が影を潜めてしまうことがよくあります。

怒りが表面に現れることで、その下にあるものすべてが隠れてしまいます。すべてが怒りで充ち満ちてしまい、ほかのものが見えなくなるのです。

しかし、それらの感情から目をそらさないほうがずっと建設的でしょう。ここに現実的で活気と喜びに満ちた場所へ導く、新たな道が隠れているかもしれないのです。怒りには、現実を変えようという希望が隠れています。怒りはさまざまな障害をはねのけるためにつくられた強烈なエネルギーです。

あなたが怒っているということは、あなたが何かを変えようと苦闘しているということです。そのことをあなたが意識しているか否かは関係ありません。そして、あなたは、自分を変えたいとさえ思うかもしれません。

問題が生じるのは、そのことを変えられない場合です。

パートナーに怒ったり、何度も謝るよう強いたりすることで、相手の基本的な性格を変えようと望むと、自分の人生も相手の人生も苦いものになります。そして相手を変えるためにしていた努力は、無駄になります。人の根本的な性格はめったなことでは変えられません。

また、年老いた両親に対する怒りが消えないのであれば、その怒りには実は希望が隠れています。――こうじゃなかったらよかったのに、という希望が。

何らかの奇跡が起こって、子ども時代に得られなかったものを手に入れられるよう願っているのです。父親や母親がようやく心を入れ替えてくれて、おとぎ話の世界みたいに幸福に生きられることを。


失ったものを自分の目で確かめ、現実をありのままに受け止める強さを身につけるまで怒り続けてしまう、ということがよくあります。そして、希望の見えない闘いからやっと降りられたとき、怒りは悲しみに変わります。

悲しみは怒りと違って、まわりの人の共感や同情を呼ぶという利点があります。誰かが手を差し伸べてくれるのです。悲しみは1つの通過点です。健全な悲しみがしばらく続いた後、何とか喪失感から解き放たれ、涙をふき、新しい可能性を探しはじめます。

これとは対照的に、怒りの感情というものは苦々しいものとなり、一生続くこともあります。

怒りのなかに隠された希望は、さまざまな人間関係のなかで織りなされます。――たとえば、元パートナー、兄弟姉妹、雇用者など。

希望との闘いであることを意識すれば、より簡単に道を見つけることができます。怒りに希望を見いだし、その希望を現実のものにするため、現実を変えるか、その反対に、希望を捨てて自由になるのです。そうすることではじめて新しい人生をスタートさせる準備ができます。

パートナーや子ども時代のトラウマから解放されてはじめて、両親やほかの人たちを自分と同じように長所もあれば短所もある１人の人間として見られるようになるのです。

子ども時代を新たに送ることはできないし、時間を巻き戻すことも、夫婦関係を一からやり直すこともできないけれど、ほかの人が持っていないものを手に入れたい、相手や現実を変えたいという希望を捨てるとき、あなたの人間関係はすっかり変わることでしょう。

第3章
「鈍感な人たち」とうまく付きあうには

「鈍感な人たち」とうまく付きあう方法1

周囲の人に自分がＨＳＰであることを伝える

「ＨＳＰであることを、誰に話すべきでしょうか？」

これは私が講演で話をする際、しょっちゅうされる質問です。

一般論として、自分がＨＳＰであること、そしてそれは実際にどういうことなのかを、身近な人たちが知っていてくれている方がよいと思います。

なかには職場の人に、自分がＨＳＰであると伝えたことで、より働きやすくなったという人もいます。話を聞いた上司が、以前より思いやりを示し、気にかけてくれるようになったそうです。

一方で真剣に受け止めてもらえず、逆に病的な人と思われてしまったり、仕事の負担を減らして欲しいからそんなことを言うのだろう、と疑われてしまった人もいます。

私は自分を表現するときに、「敏感すぎる人（ＨＳＰ）」という言葉をめったに使いません。それよりも、「自分が何を必要としているのか」「何に秀《ひい》でているのか」「何がうまくできないのか」を伝えます。

大切なのは、ほかの人たちに「私に特別な才能と制約があるのはＨＳＰであるからだ」と知ってもらうことではなく、私自身がＨＳＰのことを理解し、自分と同じような人がいることを知っておくことなのです。

それによって、私は自分自身を受け入れることができ、私のことを奇妙に思う人たちのなかに飛び込んでいく勇気を持てるのです。

「鈍感な人たち」とうまく付きあう方法2

自分の限界点をはっきり伝えておく

HSPの人は、断り上手になることが大事です。

自分はどこまでなら耐えられるのか、境界線を引いておき、それを越えそうな時は、「NO」と言うのです。その境界線を定めるのが苦手なら、それができるようにすることも重要です。

境界線を引けないと、毎日自分の限界に達するまで過剰な刺激を受けることになります。それは、限界点の低いHSPにとって辛いことです。タフな人にとってはささいなことでも、HSPにはトラブルの種になりえるのです。

「私は2カ月に1回、200キロも離れたところに住む、ピア・スーパービジョン

（社会福祉に携わる人同士が互いに助言しあうこと）のパートナーに会います。会うのはいつも私の家です。

相手の家に行くのなら私は、着く頃には疲れ果ててしまうことでしょう。相手のほうはというと、長時間の運転も苦にならず、リラックスできるようです。私たちは毎回3時間ほど会います。

しかし、会ってからも私は途中で1人になって、リラックスする時間が必要です。一方、相手のほうは、私の家に来るために朝すごく早起きしたのに、休憩時間はいらないようです。

私自身、休む必要がなければよかったのに、と思います。でも困ったことに、休めないと刺激を受けすぎて、３時間の最後の30分間は、話がろくに頭に入ってこなくなってしまうのです」

ロッテ（45歳）

このように、あなたは実際、しょっちゅうジレンマを抱くことでしょう。

ほかの人に面倒をかけたくないと思いながらも、一方で、刺激を受けすぎて体調を崩さないよう、自分の敏感さに配慮する必要があるのですから。

抱いているジレンマを、こんなふうに口に出すのもよいかもしれません。

「気を悪くしたら申し訳ないんだけど、もう少ししたら帰ってもらえないかな？　あともうちょっとしたら、私は疲れ果ててしまって、あなたの言葉にちゃんと耳を傾けられなくなりそうなの」

「もっとここに長くいられたらいいんだけど、疲れてきちゃった。もうすぐ家に帰らないと、明日の仕事に支障が出そう」

「素晴らしい会話を途中で遮るのは気がとがめるんだけど、あまり疲れてしまわないうちに切り上げたほうが、お互いにとっていいと思うんだ」

ひょっとしたら、誰かのパーティーへ行き、なんとか穏便な解決策はないかと、長々と考えているうちに、ついには疲弊してしまい、先に帰ることを相手にきちんと配慮した言い方で伝えられなかった経験があるかもしれません。

そんなときあなたは、急いで玄関から出て行くか、または「誰にも気づかれませんように」と心のなかで願いながら、足音を忍ばせて裏手のドアからそっと出て行くのでしょう。

しかし、声に出して相手にはっきり伝えれば、ジレンマが自然と解消され、相手に決断に加わったという感覚を抱かせることもできるのです。

「鈍感な人たち」とうまく付きあう方法3

休憩や散会の時間を事前に約束しておく

自分の家に来てくれたお客さんが長居しても、嫌な顔をせず、相手が「そろそろおいとましまます」と言うまで、コーヒーを出し続けるのが礼儀と考える人も多いでしょう。

そのような文化にも、私たちHSPは困惑してしまいます。HSPのなかには、長々居座られて、疲弊しきってしまうことを恐れる余り、自分の家にゲストを招かない人もいます。

私は、数年にわたる試行錯誤の末、前もって何時間ぐらいいてもらうかゲストと約束することにしました。今ではそれが習慣になっています。

私のことをよく知る人たちは、私が過度に刺激を受けやすいことをわかってくれていて、長時間一緒にいるときは、途中で別々の部屋で休憩をとるのがふつうになりました。

でも今でもときどき、そのようにして欲しいと言うのに、勇気が必要なときもあります。そしてときどき、――疲れたときは特に――尻込みしてしまい、「休憩など必要ない」と心にもないことを言ってしまいます。

このように自己管理を怠ると、最後には完全に集中力を欠いてしまうか、次の日まででいつもより疲れが残ってしまうのです。

「ほかの人よりも疲れやすいが、少人数で長時間連続してでなければ、人といるのは大好きなのだ」と伝えられれば、状況は改善されるのですが。

「鈍感な人たち」とうまく付きあう方法4

自分にできることは限られているという事実を受け入れる

敏感であることに困難さを感じるのは、特に〝NOと言わなくてはならない〟ときです。

他人と一緒にいられない自分に、何年もずっといら立たしく思ってきた人もいるでしょう。きっとそのような人のなかには、心のなかで不満を抱きながらもNOと言えずに神経の負担になる付きあいを自分自身に課してきた人も多くいるはずです。

自分の限界を受け入れたくなかったり、ほかの人と同じように自分もできるはずだと信じたい気持ちを捨てきれないために。

「私はときどき我慢しきれないとわかっていることをつい引き受けてしまうことがあ

ります。だって自分がほかの人と同じようにできないと認めたくないから。
また、一度やると言ったことを断るのを申し訳なく思うあまり、大丈夫なふりをしてしまいます。その結果、全精力を使い果たしてしまい、頭が疲れ、社交性を失い、人とまともにかかわれなくなります。その後、何日もぐったりして、悲しい気持ちが続きます」

ヘッレ（31歳）

自分自身やほかの人に怒りを感じている限り、何かと闘い続けなければなりません。しかし、自分にできることは限られているという事実を受け入れたとき、度合いは人それぞれ違いますが、怒りが悲しみに――本当にやりたかったことを、あきらめなくてはならないという悲しみに――変わります。

HSPのなかには、ときどき孤独を感じると言う人がいます。

「私はどうせ自分がいっぱいいっぱいになってしまうとわかるので、輪から外れさせてくれと言うことがよくあります。そうするようになってから、状況はいい方向に向かいました。

それでもときどき、自分は一人ぼっちだなぁと感じます。たとえばオフィスで、同僚たちが集まって、笑い合って、楽しんでいる横を通りすぎるとき、なんだか寂しくなって、胸がちくりと痛むことがあります。自分も仲間に入りたい、と」

マーチン（40歳）

自分がHSPだと自覚するようなことに直面した後は、疲れと悲しみが続くことがあります。

そしてしばらくは「ほかの人みたいに自分もタフになれたら……」という希望を捨て切れないかもしれません。


でも、忘れないでいていただきたいのは、あなたの目の前でドアが開くとき、ほかの1つ、または複数のドアが開くことがよくあるということです。

ほかの大半の人と同じように、タフでエネルギーに満ちあふれた人間になろうとするのはやめて、その代わりにとても敏感で感受性の強い自分を受け入れ、繊細な自分にぴったり合った人生設計をするのです。

そうすることで、大きな抑圧、速すぎるテンポ、まわりの鈍感さを乗り越える必要がなくなり、幸せになることができます。

ＨＳＰは実際、適切な環境では、ほかの人たちよりもうまくやっていけるのです。

言葉の洪水に溺れないように会話中に休憩をとる

ほかの人からの言葉の洪水に溺れかけたことはないでしょうか。「休憩をとらせて欲しい」と言えないでいるうちに、相手が発した言葉を理解できなくなってくるのです。私は、そういうときは、ただただ鼻に水が入らないようにもだえ、何とか命を落とさず生き永らえるのが精いっぱいで、ほかのことをする余裕がありませんでした。

言葉の洪水に圧倒され、逃げ道を見つけられないまま、窮地に陥るのを避けるには、休憩が必要です。休憩をとることで、自分の声に耳を傾ける余裕ができますし、何を言い、何をすることが最良なのか考えられます。

しかし、そうした状況に陥る前に、作戦をいくつか考えておくのがよいかもしれません。以下にいくつか提案をします。

●「ちょっと待って」と優しくかつ威厳を持って言います。できれば手を挙げて断るジェスチャーをして、目線を下げましょう。注意が自分の内面に向かっているというサインを送れます。相手が話し続けて、休憩を邪魔しようとしてきたら、もう1度「ちょっと待って」と言います。「あなたがさっき言ったことについて、考えているところなの」「少し時間がかかるけど、聞く準備ができたら言うね」と。

●「話が耳に入らなくなってきたわ」と言う。

●「今、なんだか自分にとって不快なことが起きているみたい。それが何なのか探すのを手伝ってくれない？」(ただし、これは高度な手法で、互いに好意を持っていて、2人の関係性について知りたいという相手とでないと、成立しません)

●あなたが疲れてくる頃に鳴るよう、携帯電話のアラームをセットしてください。アラームが鳴ったら、こう言うのです。「もう少ししたら行かなくちゃ」

「鈍感な人たち」とうまく付きあう方法6

片方が一方的に話さずに、「対話」となるよう心がける

HSPやそのほかの敏感な人は、自らを疲弊させ、過度の刺激を与えるような会話に巻き込まれがちです。

HSPの人は、相手の話にきちんと耳を傾け、自然とシンパシーを抱きます。この能力のおかげで、たまった不満を解消したいと思っている人の気持ちのはけ口にされてしまいます。そのせいで、その日に必要なエネルギーをたちまち、相手に使い果たされてしまうかもしれません。

しかし、それはもったいないことです。誰の話に耳を傾け、それにどれだけの時間を費やすのか、どんな種類の会話、どの人間関係に自分のエネルギーを使いたいのか、きちんと選ぶことが大切です。エネルギーには限りがありますから、意味のあること、

報いのあることにエネルギーを費やすのが１番です。

聞き役になることが多いＨＳＰにとって、特に大事なのは、相手の言葉に耳を傾けるのであれば、逆に自分自身の言葉も相手にちゃんと聞いてもらうということです。自己表現することで、過剰な刺激を受けるのを避けることができます。

相手が話していることをきちんと聞くには、それがどんな影響を自分にもたらしたのか、自分の思うところを相手に伝える機会は必要です。

その反対に自分がどう考え、何を感じているかを言葉にしたなら、相手がそのメッセージをどう受け取ったかを返答してもらうことも大切です。まして、後になって「相手はどう思ったのだろう……」とあれこれ考えがちな人なら、これは特に大事です。

同様に、言葉のキャッチボールが行われることもまた大事です。そうでなければ、自分で日記を書いて満足すればいいはずです。

「鈍感な人たち」とうまく付きあう方法7

「対話」を成立させるには、互いに「反応し合う」ことを意識する

敏感な人が長く聞いていると、ひどく疲弊してしまうような一人語りを阻むには、相手の話しを受けて自分が反応し、相手にも自分の話しに反応してもらうようにしましょう。このようにすることで会話はかなりの確率で対話となります。

次に示すようなさまざまなタイプの反応を知れば、各シチュエーションで自分がどのような反応を相手に期待しているのかを意識することができます。

その後、頑張って自分の求めている答えを口に出して相手に伝えるようにしてください。さらに、話している相手に、あなたが反応を示す余地を与えてくれるよう頼む

こともできます。

話す内容がプライベートなものであればあるほど、相手からの反応が重要になります。

会話の相手に望む反応①　受け止める

まず相手に求める反応は、その言葉をどう受け止めたかということではないでしょうか。

「最近疲れるし、気持ちがふさぎがちなんだ」

こう自分が誰かに話すところを思い浮かべてみましょう。話し相手がどう受け止めたか知りたいとすれば、相手が「確かに疲れて見えるね」とか、「正直に話してくれたんだね」とか言ってくれると、心地よく感じるでしょう。

相手が特に何も言わないようであれば、直接的にこう聞いてみるのがよいでしょう。

「どう思った？」

逆にあなたが聞き役なら、こう聞くとよいでしょう。

「どう思ったか知りたい？」

私は講座で参加者に、「家に帰ったら3人に、『私のこと、どう思っている？』って聞いてみてください」と言ったことがあります。

すると、その参加者たちは次に会ったとき、「おかげで、すごい体験ができた」と言ってくれます。そこから大きな影響を受けているようです。

「親友に自分のことをどう思っているか聞けたことが、ここ何年間かで一番よい体験になった」と言う人もいますし、一方で、「相手から返ってきた言葉が心に引っかかり、そのことにさらに向き合おうと決めた」という人もいました。大半の人は、自己肯定感が増し、エネルギーが漲《みなぎ》る思いをしたようです。

「自分はこう思われているだろう」という想像と現実のバランスがとれていればいる

ほど、うまく世間を渡れます。

ただし、自分のことをどう思うか聞くことで不利益が生じる場合も多いです。なかにはそういう質問をすることで、自分のことで頭がいっぱいだと思われるんじゃないかと心配になる人もいるでしょう。そういう人はこの質問なら安心してできるのではないでしょうか。

「先生から3人に聞け、って言われたの。だから教えて」

会話の相手に望む反応② 共感する

次に望むもう1つの反応は、共感です。

相手が自分の立場に立つことができるか、また立とうとしてくれるのかを知りたいし、相手に自分の胸の内を言葉で言い当ててもらえることが、ときに心地よいということも知っています。そのため、相手がたとえばこう言ってくれたら、嬉しくなります。

「それって大変だね」

「私が同じ状況だったら、早くいい方向に進んで欲しいと焦ってしまうかも」

するとあなたはこう答えるのかもしれません。

「そう、その通り、私はそうなの」

そうしてわかってもらえたことに安堵のため息をつくのです。またあなたはこう言うかもしれません。

「いいえ、正確にはそうじゃないわ。もっとこれこれこうなの」

それでもやはり、誰かが自分のことをわかろうとしてくれるのは、心地よいことでしょう。たとえその理解が合っていなくても。

相手があなたの状況を自分からわかろうとしてくれないのであれば、あなたはこう聞くことができます。

「あなたが私だったら、どうする？」

そして、共感を示したければ、こう言うのがおすすめです。

「私があなただったら……に違いないわ」

会話の相手に望む反応③　影響を知る

3つ目に望む反応は、自分が言ったことがほかの人にどんな影響を及ぼすのか、または自分がそう言うことで相手がどう思うかがわかる反応かもしれません。

相手が喜ぶか、いら立つか、悲しむかは、あなた次第です。答えが自然と返ってこないのであれば、こう尋ねてみましょう。

「私にそう言われたとき、何て思った？」

「そう聞いて、あなたはどんな気分になった？」

会話の相手に望む反応④　話を広げる

4つ目に望むのは、「詳しく話して」と言われることでしょう。

「そのことをもっと話して」と言ってもらえないのであれば、こう頼めばいいのです。

「私が今から話すから、途中で質問してくれたら嬉しいな」

もしくは逆の状況ならばこうです。

「話の途中で質問して欲しい？　それとも遮られずに話し続けたい？」

会話の相手に望む反応⑤　ちゃんと聞いていることを示す

5番目は、聞いてもらっているのだと知ることです。

これはひどく地味に思えるかもしれませんが、とても大事なことです。時折、自分の言ったことが相手の耳に届いているのか、きちんと聞いてもらえているのか、不安になるときがあるかもしれません。そういう時はこう言って確かめます。

「私が今、何て言ったか話して！」

または状況が逆なら、こう提案してみましょう。

「あなたが言ったことを私が何て受け取ったか話していい？　そうしたら正しく聞けたかチェックできるでしょ」

夫婦セラピーでは、セラピストがカップルのどちらかに、パートナーが言ったことを繰り返す練習をさせます。

ささいなことに思われるかもしれませんが、これはとても大切なことです。聞き手側が話のどこを大事だと思ったか言うようにすれば、話し手は、ちゃんと話を聞いてもらっているのだとわかるようになります。そうすれば、話し手は何度も同じことを言わなくて済むようにもなります。

私はカウンセリング中、よくクライアントの言葉を繰り返します。これは会話をゆつくり進めるためにとる手法の1つで、話の内容が難しく、慎重にセラピーを行う必要があるとき、これはとても有効です。

①受け止める：あなたは私のことをどう思う？
私があなたをどう思っているか知りたい？

②共感する：あなたが私だったら、どんな風に思う？
私があなただったら……に違いないわ。

③影響を知る：私がそう言ったとき、あなたは何を考え、どう感じた？
あなたが言ったことが、私にどう影響するか知りたい？

④話を広げる：私が話すから、途中で質問してくれたら嬉しいな。
あなたが話している途中、質問して欲しい？
それとも遮られずに話し続けたい？

⑤ちゃんと聞いていることを示す：私が今何て言ったか、言ってみて！
あなたが言ったことを私が言うわ。
正しく聞けたか、確認しましょう。

以上を実践するのは難しいと感じた方へ。
そう思ったのは、あなただけではないでしょう。克服にはたくさんの練習が必要ですし、すべての関係性においてこの方法が有効なわけでもありません。

時と場合に応じて「深い会話」と「表面的な会話」を使い分ける

HSPは会話を深められなくてはなりません。

会話がひどく表面的なとき、長時間、興味を持ち続けるのは難しいでしょう。そのためあなたは必要性に迫られ、興味があるふりをしようと苦心することもあるかもしれません。

逆にあなたが望むのであれば、会話を表面的なものに戻すことで先に進めることも可能です。もしくはたとえばあなたが過度に刺激を受け、キャパシティー・オーバーになりそうな場合、深い話になるのを単に避けるのでもよいでしょう。

深い話をするには

一番簡単な方法は、単純に口をつぐむことです。沈黙することで、話は深いものに変わります。私もよくカウンセリング中、少し沈黙した後、深い回答が返ってくる経験をしたことがあります。ですが、なかには沈黙を恐れるあまり、間髪いれずに話し出そうとする人もいます。これでは話は深まりません。それどころか表面的で支離滅裂になってしまいます。

深い話をするには、「具体的に言って」とリクエストするのもよい方法です。話に具体性が増すと、そこに感情がついてきます。

たとえば私がこう言ったとしましょう。

「思うんだけど、皆、答えがあっさりしすぎているよね」

すると別の人がこう尋ねます。

「最近そういう経験をしたのはいつ？」

そこで私は具体的に話す必要性に迫られます。そしてこう言うでしょう。

「昨日、友だちに電話したときかな。その子、私が何をしているかなんて、全然興味なさそうだった」

ここで私は無関心な友人に対し、感情を露《あら》わにする自分に気づかされました。漠然とした話の時は感情を持ち込まずに済みますが、話が具体的になると、そうはいきません。

深い会話をしたければ、一般的な話を具体的な話に変えるとよいでしょう。その逆に深い話を浅い話にしたい、もしくは深い話になるのを避けたい場合は、次の方法があります。

表面的な話をするには

話が深くならないようにするには、一般化し、説明する手法が効果的です。

私が「疲れちゃった」と言って、相手に「この季節は皆そういうものよ」と話を一般化されると、疲れたという話を続けにくくなります。

悪いことばかりではありません。ほかの人も同じだと知ることで、心が落ち着くこともあります。すると自分に問題がないように思えてきます。

私はこの手法を牧師としても、心理学の講師としても用いてきました。牧師として葬儀を、取り仕切らなければならないことがよくあります。葬儀の計画を立て、唄う讃美歌を選び、故人を偲ぶ言葉を書くのに十分な故人の情報を集めなくてはなりません。

会話が個人的になりすぎるのを避けたければ、一般化すること、また説明することで、会話を適切なレベルに保てるでしょう。

私は葬儀中に親族から彼らの悲しみや怒りについて深い話を聞き出そうとはしませ

ん。葬儀の最中ではなく終わった後に改めて親族を訪ねたときが、深い話をするのに適したタイミングでしょう。

そういう時は、「今はその話はちょっと」と言うより、一般化したほうが、失礼にならないことが多いのです。

また、私は生涯学校で心理学を教えているのですが、履修生にプライベートなことを必要以上にオープンに話して欲しいとは思いません。大人数のクラスではそういう話はそぐわないと思います。

「鈍感な人たち」とうまく付きあう方法９

４つのステップで会話を深めていく

人との接し方は４つの段階に分けることができます。１つずつ挙げていきましょう。

ステップ１　世間話と表面的な話をする

この段階では、話題を次々と変えます。

蝶が花から花へ飛ぶかのように、１つのことを少し話すと、また別のことを少し話して、と繰り返します。この話し方の利点は、会話からすぐに外れたり、新たな会話に加わったりできる点です。世間話は芸術の一形式になりえます。

外向的な人は心を開いて、会話を気軽に楽しめますし、ガス抜きすることもできます。その反対に、ＨＳＰのなかには、この段階で問題が生じる人もたくさんいます。「世間話は難しい」とはっきり感じる人も。そういう人は世間話を楽しむためのルールを知るのがよいかもしれません。それは非常に単純です。感じたことをすぐ声に出して言うだけでよいのです。


「雨が降っている」

「ここは寒いね」

「何のにおいだろう？」

「おいしい」

「何てすてきな靴を履いているの」


ＨＳＰの多くは、このような世間話が長時間続くことに憤りがちです。

自分のハードディスクが内容のないものでいっぱいになってしまうのは残念なことです。もっと実のある会話をはじめたいに違いありません。

そうはいっても、世間話はできたほうがよいと感じている人が多いのではないでしょうか。はじめて会う相手と親しくなるには、有効なツールですから。当たり障りのない会話が、相手と自分をつなぐ橋を築きます。世間話は異質で不慣れな状況に、穏やかな空気を吹かせてくれます。これは自分と相手との間に共通の関心事がないかを探るために行うはじめの作業としては有効です。

それに世間話はすぐに切り上げることができます。世間話が苦手な人も、できるよう練習してみるとよいでしょう。

ステップ2 興味のあることについて話す

お互いの共通の関心事について話します。

情報交換を行い、意見を言い、政治や育児などあなたたちが今関心を持っていることについて議論します。ひょっとしたらあなたたちの意見が一致し、2人で1つの決断を出すに至るかもしれません。

この段階で、水を得た魚のようになる人もいます。新しい知識を吸収するのに夢中になったり、意見を交換したり、激しくぶつけ合ったりすることで活力を得られます。

ＨＳＰの多くが、共通の関心事について知識を交換するのが好きです。とはいえ攻撃的なトーンの議論では、加わる気が失せてしまうかもしれません。

ステップ２は「役割段階」とも呼ばれています。ここで私たちは仕事や住まい、配偶者の有無などについて情報を交換するのです。私たちはこの段階で、役割というものの力を借りて発言します。

母親という役割があるからこそ、女性は幼稚園や保育所の先生に意見を言えますし、看護師は看護師という役割があるからこそ、患者に医療上のアドバイスをすることができ、画家は画家という役割があるからこそ、色の選択について助言できるのです。

しかし、この段階で自信のある人が会話を独占してしまい、あとの人は聴いているだけになってしまうことがあります。もしそれでフラストレーションがたまるようであれば、自分自身がもっと発言をする練習をしてもよいでしょう。

皆がただただ話したくて、競うように次々発言し合うこともあるでしょう。この場合、ＨＳＰが議論に加わるのはほぼ不可能です。なぜならスローペースすぎてそのチャンスがつかめず、また礼儀正しすぎて会話に割って入れないからです。

ＨＳＰの人は、皆が興味を持ってくれて、どんな人の話も聞いてもらえるようなとき、最も輝くでしょう。そのような文化を持ちこむのが、可能な場所もあるでしょう。でも集団のなかで自分がどう発言するかが、ほかの誰かの問題になりうるなどと考えたこともない人もいるかもしれません。そのことを心得ておけば、何か変わるかもしれません。

２つ目の段階では、また自分の感情を見せません。感情を伝えるのは３段階目です。

ステップ3　信頼する

第三者や物事に対する感情や感覚を共有し、互いの内面について洞察し合います。(私たちが一緒にいる人やものに対する一時的な感情について伝え合うのは、次のステップ４です)

あなたはたとえばあなたの子ども時代や夫婦関係、同僚やそのほかの人に対する感情や感覚について話したり、くだらない戯《ざ》れ言やうわさ話もできます。もしくは私たちはそれらにどう対処したらいいか互いに助け合いながら答えを見つけることができます。第一歩として、特定の人についてあなたがどう思うかを個人的に話してもよいでしょう。

自身の心の内をほかの人に打ち明けることは、心地よく感じられるかもしれません。あなたは背負っていた重荷を下ろせたような感覚に陥るに違いありません。

この段階でつまずくとしたら、それは自分の内面について何か恥じていて、それをほかの人に見せたくないと思っているからでしょう。

信頼されるのは、必ずしも心地よいことばかりではありません。相手があなたに同志になってほしいと期待する場合は特に。また過度に刺激を受けているか、受けそうになっているとき、信頼を寄せられるのも、心地よくはありません。

ステップ4　直接聞いてみる

この段階で、ちょうど今ここで自分たちの間に起こっていることについて話します。

自分たちが互いの関係性をどう思っているのか？　このようなことを直接相手に尋ねるのは、非常に刺激が強いかもしれません。

この段階で、相手にとって自分がどれぐらいの意味を持つのか、気付くはずです。これは心の洗濯のように感じられるかもしれません。

誰かが恋人に「愛しているよ」と言うとしたら、この２人はこの段階にいるということです。男性がその奥さんに、「今みたいな目で僕を見るなら、もう君とは一緒にいたくないよ」と言うのも、同じ段階です。

おおまかに見て、この段階に陥ることがまったくない人もいれば、人生で数回、陥る人もいます。ただしこの瞬間は記憶に残りますし、何度もよみがえってくることでしょう。この段階で人と関わるのは危険であると同時に、生きる活力にもなります。

あまりに直接的なため、相手を傷つけてしまうのではと心配になるかもしれません。もしくは自分が傷つくのを恐れているのかもしれません。

しかし、この段階の壁を前に逃げてしまうと、対人関係が退屈で活気のないものになってしまう可能性が高いでしょう。

次のステップへ移行する方法

ステップ1で、たとえば「お日さまがさんさんと輝いている。何て素晴らしいんだろう」と言ったとします。

ではそのあとは具体的にどのように、段階を上げていけばよいのでしょうか。

1から2へ：1つの事柄について、長く話します。そのまま、天気について話し込んでもいいですし、完全に新しい話題を取り挙げてもよいでしょう。食べものの話では、たとえばレシピを教え合うのもよいでしょう。

2から3へ：あなたは個人的なことを話すことで、信頼関係を築けます。または具体的な話を聞き出すことができます。

「あの人が苦手なようだけれど、それってあなたが大変な思いをしてきたから？」

3から4へ‥この段階で話をする際、相手も興味があるかどうかをまず探ってみてもよいかもしれません。そうすることで相手も少し準備する時間を確保できます。以下に取り入れられそうな例をいくつか示します。

「お互いどう思っているか話したいんだけど、あなたはどう？」

「あなたとの関係についてどう思っているか話したいんだけど、聞きたい？」

「あなたが私のことをどう思っているか教えてくれる？」

今、会話がどの段階にあるのかを意識できるようになれば、なぜ退屈なのか、どうしたら会話を楽しくさせられるかが、わかるようになります。ステップ4に進むことができれば、活気のない人間関係も、エネルギッシュで力強いものに変わるでしょう。

ただし、この4つのステップは非言語コミュニケーションが見落とされてしまっています。とくに、HSP同士は言葉を交わさず、黙っていても親密で深い関係性を築けることが多いのです。

「鈍感な人たち」とうまく付きあう方法10

HSPの理解者をパートナーに選ぶ

HSPの多くは、1人で暮らすことを選択します。そうすることで、HSPが好む平穏を得やすくなるからです。しかし同時にHSPは時折、孤独を感じます。これは厄介なジレンマです。

「恋人が欲しいけれど、相手の家族の誕生パーティーすべてに一緒に行くよう言われたら、どうしたらいいかわからない。できないことが多くて後ろめたくなってしまうから」

ハンネ(45歳)

一方、一人で暮らす選択をせず、パートナーと夫婦生活を送っているＨＳＰからは、時間の面からも場所の面からも、「なかなか1人になれなくて辛い」という話をよく聞きます。

「私が家事と育児の最低でも半分をこなさなければ、妻は裏切られたと感じ、大騒ぎします。妻が感情的になるのが私は好きではありませんし、大騒ぎされると神経のバランスが崩れてしまいます。ですから、私は自分の分の家事はこなすよう努力しています。

私はよく妻に振り回されているように感じます。最悪の場合、過度に刺激を受けて、内と外、両方との交信が途絶えてしまいます。そんなとき、私は永遠に休んでいたいと感じます。

自分の作業小屋にいるときは、つかの間の平穏を味わえます。作業小屋に行き、そこで作業するのが大好きです。でも平穏な時間はそう長くは続きません。妻は私が家事をするか、最低でも作業小屋に子どもを連れて行くべきだと思っているのです」

キャスパー（35歳）

敏感であることに理解があり、それを尊重してくれるタフで外向的なパートナーがいるのなら、二人の共同生活には多くの利点があるでしょう。そういうパートナーは、いつも車を運転するのが自分で、買いもので1番重たい袋を持たなくてはならず、スポーツ・イベントに子どもと一緒に行かなくてはならないことに、何ら抵抗は感じないでしょう。夜よく眠れるパートナーは、HSPである配偶者が眠れずにハグを求めてきて、自分の眠りが妨げられても、なんの文句も言わないでしょう。

でも、パートナーが完全にHSPを理解してくれていない場合には、問題が生じます。

HSPの配偶者に対して、一定の配慮が必要だと頭の隅ではわかってくれてはいても、たとえば、「君はいつもすぐに疲れてしまうね。僕は疲れにくくてよかったよ」と言ったり、人と関わらなくてはならないときや体力のいる仕事をするとき、毎回ため息をついたりする人もいます。

こうして、パートナーが自分の力を誇示しようとするのであれば、HSPの人はきっと悲しくなって、自分はお荷物なんだと感じるようになるでしょう。

そういう人たちにはストレス症状が多かれ少なかれ現れます。そして、なかには離婚を選ぶ人もいます。これは難しい決断です。

「夫は気分にむらがあり、そのせいで私の神経は大いに乱されました。我慢を続けることは不可能だったので、最終的に離婚を選択しました。本当に大変でしたし、たくさんの人を悲しませてしまいました。ほかの人を悲しませることは、私がまさに1番したくなかったことだったのに」

リーネ（42歳）

HSPのなかには、同じHSPをパートナーにした人もいます。

「3度目の正直で、ようやく私は伴侶を見つけました。まわりから見たら私たちの結婚生活は退屈そうに見えるに違いありません。私たちはたいてい、2人きりで家にいます。どちらも車を運転したくないからです。私たちは一緒にいても、一言も喋らないことがよくあります。それでも私たちは深い愛情を感じていますし、私も彼女にならら自分でもほとんど知らなかった心の内をさらけ出せます」

イーゴン（62歳）

子育ては、無理をしない

HSPのなかには、子どもを持たないという選択をする人もいます。HSPが親になるのは大変なことですので、子どもを持つ場合も、1人だけにしようとする人もいます。

「私には休む時間が必要だけれど、それがなかなかとれません。少し座って落ち着こうとトイレに行こうものなら、娘はすぐに、『お母さん、お母さん。どこにいるの?』と大声で私を呼ぶのです」

マヤ(38歳)

ある講座参加者は、10代の子どもに家を出るよう言わざるをえなかったと話していました。その年頃の子どもを家に置いておくことで、たくさんの騒音や混乱、予期せぬ事態に見舞われたからです。

しかし、敏感な心を持つＨＳＰには、親としての資質が大いに備わっているはずです。注意深くて、直観力があり、子どもが何を求めているのか察するのが上手でしょうし、共感力があり、よい親になるために自分にできることは何でもするに違いありません。

ただ、自分がどれぐらいよい親になりたいか、高い基準を設けてしまうことでしょう。自分が設けた基準を必ずしも満たせないと認めるのは、本人にとっては恥ずかしいことです。基準を満たせないとイライラして、持ち前の共感力がすっかり影をひそめてしまいます。

そして、問題はエネルギーが尽きてしまうことです。そうなった時、夫婦２人でなら、重荷を分け合い、順番に休憩がとれます。しかしあなたが子どもを１人で育てているのなら、できる限りの支援を受けるとよいでしょう。

私自身、２人の子を持つシングルマザーでした。シングルマザーやシングルファーザーになるのは、誰にでもありうることです。

私は、自分が親としての能力は高くないと、常に恥じていました。保護者会にすべて参加できたわけではありませんでしたし、「ほかのお母さんは、朝1番に起きて、子どものためにパンを焼いている」という話を聞くと、胸がちくりと痛みました。私の子どもたちはかなり早い段階で、朝自分で起きて、学校に行くようになっていましたから。本当は、私も自分の子どもに同じことをしてあげたいのです。

でも、2人の子どもを学校に送り出さなくてはならないのに、1人がぎりぎりに起きてくるものですからストレスがたまり、神経に大きな負担がかかり、その後、落ち着いて自分の仕事に集中できるようになるまでに、長い時間が必要でした。

ある日の朝、子どもたちが私に静かな朝を過ごさせようと、私の耳に耳栓をして出かけていったことをベッドの上で知りました。おかげで、その日は、いつもよりすっきりとした1日を過ごすことができました。

でも、あるとき私は牧師を務める教区評議会の人たちから、「一体何時に起きているのですか？」と質問されました。私は恥ずかしく思い、質問に答えられませんでした。

今でも、自分の子どもにしてあげられないことがあるのを悲しく思っています。でもなるようにしかなりません。

それに、自分に怒ってはいません。成人し自立した2人の子どもたちは、立派にやっていてくれますから。

第4章
「敏感な自分」と
うまく付きあうには

「敏感な自分」とうまく付きあう方法1

HSPの能力を楽しむ機会をつくる

あなたの人生にHSPの利点を楽しむ機会が確保できていないのなら、それは非常にもったいないことです。

敏感さから最大限の喜びを引き出すには、敏感であることを楽しむ機会を確保することが大切です。

次の項目のどれかあなたの好きなものを選んで、それを享受する機会をできるだけ設けてみてください。

●自然を慈しむ
●クリエイティブでいる
●ほかに何もせずに哲学的な考えをめぐらす時間を持つ
●体にいいことをする
（走ったり、ダンスしたり、マッサージに行ったり、泳いだり、お風呂か足湯に入ったり）
●あなたの知覚に快楽を与える
（自分用にいい香りの花を買ったり、おいしいものを食べたり、見ると嬉しくなるものをまわりに置いたり、好きな音楽を聴いたり）
●動物と過ごす
●日記か詩か本を書く
●芸術鑑賞をする、または自分で芸術作品を創る
●深くて質の高い人間関係を築く

HSPの多くは、日記や音楽、芸術を通して自己表現することに大きな喜びを覚えます。

このほかにも、本書の巻末に掲載されている「HSPのためのアイデアリスト」を見て、喜びと安心感を得るためのヒントにしてください。

また、HSPの多くが、水に惹かれます。

飲むのにも、お風呂のお湯にして入るのにも、泳ぐのにも、よい効用があるのです。私はほぼ毎日、足湯に入ります。私の足はお湯につかるのが大好きなのです。足湯の後は、オイルでマッサージをします。リラックスできて心地よいですし、就寝前にやるとよく眠れます。

自分の体に触れることで、心の恐怖は減り、過度に刺激を感じることも減っていきます。ナーバスになっているときは特に、足をマッサージするとよいでしょう。

ほかにも自分の体に触れるのに、いい方法はたくさんあります。

走ったり、ダンスしたり、リラクセーション・エクササイズをしたり、理想の体に近づけるために体を鍛えたり、自分が心地よいと思えそうなものにトライしてみてください。

体の動きに合わせて呼吸をしながらエクササイズすると、特に効果があります。

「私は刺激を受けすぎて、人と関わるのが難しいときには、運動に時間を費やすことにしています。ときどきリビングの床の上で簡単な運動をすることもあります。そうすることで自分の体とよい関係が築けますし、時間を無駄にすることが減ります。二の腕も引き締まりました」

イェンス（42歳）

「敏感な自分」とうまく付きあう方法2

五感から過度に刺激を受けないための対策をとる

刺激は内と外の両側から入ってきます。思考や夢など自分の内側からの刺激は、コントロールするのがなかなか難しいものです。

一方、外からの刺激の80％は視覚から入ってくるので、刺激の大部分は目を閉じることで、すぐに自分でシャットアウトできます。たとえば電車に乗っているときや、テレビを消したいのに、ほかの人が観ているので消せないとき、目を閉じます。ほかにも、目から入ってくる情報は、黒いサングラス、帽子、大きな傘を使うことで減らせます。

音の刺激は、耳栓を使うか、ヘッドホンで音楽を聴くことで減らせます。私にとって、iPodは素晴らしい発明でした。外からのいら立たしい音を遮断するために、常に持ち歩いています（でも残念なことに、誰かが近くで携帯電話で話しはじめると、たちまち音楽が私の耳に入らなくなってしまいます）。

講演会がはじまる５分前に、決まって聴く曲があります。これを聴くと、私は〝オン〟になれるのです。音楽に完全に集中し、安心感を覚えると同時に、心の奥深くで私自身と交信するのです。ヘッドホンを忘れてしまったときは、講演前の５分間にした会話の断片が意識に入り込み、注意力がそがれ、心の奥深くで自分と交信することができませんでした。

ＨＳＰ自身、刺激がどれほど自分たちの重荷になっているか、必ずしも自覚しているわけではありません。後になってはじめて気づくこともあります。たとえば、私は混雑したカフェにいても大丈夫なことは大丈夫なのですが、その場合、騒音を抽象化し、するべきことに集中しようと意識しなくてはなりません。ところが新鮮な空気が漂う屋外に一歩足を踏み出すと、たちまち心のなかで張りつめていたものが一気に解き放たれます。そしてその後、どっと疲れを感じるのです。

「敏感な自分」とうまく付きあう方法3

過度な刺激を受けたら、じっと自分の内側に集中する

不快な刺激を過度に受けてしまったとき、毛布の下に逃げ込んで眠ってしまえたらどんなにいいか、と思うかもしれません。

しかし、睡眠不足の人が眠るのはよいことですが、睡眠に過剰な刺激を妨げる効果はありません。それどころか睡眠中に強烈な夢を見て、さらに刺激を受けてしまうこともありえます。HSPの多くは眠ろうとしても過剰な刺激を受けてしまい、ろくに眠れない経験があるでしょう。

横になってうつらうつらするのではなく、静かに座って、できる限り何もしないことで、自分のなかに入ってくる情報を選別することができます。

このように自分自身を取り戻すために何もせずに栄養を吸収する時間を、私は『滋養の時間』と呼んでいます。この時間は必ずしも心地よくはありませんし、効果が実感できるのは、次の日になってからかもしれません。

滋養の時間に、全く能動的に動いてはいけないということではありません。たとえば手を洗うとか、運動をするといったルーティーン・ワークをしながらでもよいでしょう。大切なのは、何にも注意を向けず、意識を休ませることです。新しい情報ができる限り入ってこないようにすることで、エネルギーを自分の内面に集中させ、すでに入りこんでしまった情報を整理できます。その間、ほとんど何もしていないと感じるかもしれませんが、あなたの内側では、実にたくさんのことが行われているのです。エネルギーを一新した後のあなたは、力強くなっていることでしょう。

多くのＨＳＰや繊細な人にとって、負担のかかることをする前日に、そのような時間を少しとるのはとてもよいことです。私は、講座の前の晩、静かに過ごすようにしています。そして、講座がはじまる前に、頭のなかのカンヴァスを真っ白にして、それまでに入ってきた情報を取り払います。

自分自身へ愛情を向けて、自分を守る

一緒にいる人たちがＨＳＰである自分の気持ちをわかってくれないと感じる状況にときどき見舞われるでしょう。

ひょっとしたら、相手はあなたに対して「ほかの大多数の人に合わせるべきだ」と考えているのかもしれません。

そういう場合は、自分で自分を支えることが大事です。それができれば、ほかの皆からあなたが間違っていると言われても、平気でいられるでしょう。

「家族のみんなが、私が祖父母の金婚式に出席しなかったのはけしからんことだと言っています。でも、当時の私はいっぱいいっぱいで、金婚式に行けなかったのは仕方のないことだったのだと自分では思っています。なので、私は自分で自分のことを褒めてやりました」

ラスムス（32歳）

「ある夜遅く、姉から電話で叱られました。私が母親にろくに親孝行していないと言うのです。以前の私なら、大いに絶望して、眠れない夜を過ごしたことでしょう。でも今回は自分にこう言い聞かせたのです。『すてきなアンナ、あなたが最善を尽くしているって私は知っているわ。大丈夫よ』と。その後、私は自分を抱きしめながら、眠りにつきました」

アンナ（49歳）

相手が置かれている状況を理解せずに批判する人たちは、それがどれほど悪いことなのか、自分ではわかっていないことが多いのです。彼らは自分の想像がつく範囲で物事を捉え、それとは違う視点があるとは、さらさら考えていないのかもしれません。

このような人たちに批判され窮地に立ったときに、自分を支えるどころか心のなかで自分を叱ってしまう人が多くいます。

とあるクライアントは、カウンセリング中にナーバスになるたび、心のなかで「落ち着きなさい」とか、「リラックスするのよ」などと、自分自身に怒りのこもった言葉を投げかけていることに気づきました。そのクライアントとの会話の続きを紹介します。

セラピスト：ナーバスになっているのがあなたの妹さんだったとしても、あなたは同じことを言いますか？
クライアント：いいえ！　それは思い付きませんでした。
セラピスト：ではもし妹さんに言葉をかけるとしたら、何と言いますか？
クライアント：「あなたが楽になれるように、何か私にできることはない？」って聞くと思います。

彼女へ出したその日の宿題は、家に帰って、妹さんがナーバスになったところを想像して、その妹に宛てて愛情深い手紙を書いてください、というものでした。もちろんその手紙は、妹さんが読むのではなく、クライアントが次のセラピーに持ってきて、読み上げるためのものです。

スッシーへ

あなたには間違える権利があります。誰でもときに間違いを犯します。ほかの人を煩わせるために間違えたのではありませんし、いかなる人もその過ちを理由にあなたを責めてはならない、と私は知っています。

あなたが日頃どんなに慎重で、ほかの人を満足させようと、どれほど努力しているか、私は知っています。あなたがベストを尽くしていると私は確信しています。それで十分なんですよ、すてきなスッシー。

ほかの人に多くを求めてはいけません。自分の肩をぽんと叩き、意識を少し内側に向けましょう。あなたにいかに価値があるのかを、感じてください。

スッシーへ、愛をこめて

クライアントは、この手紙を私の前で読み上げると、泣き出しました。こんな風に語りかけられるのをどんなに強く望んでいたか。彼女自身がそれを自覚したのでしょう。彼女は今、子どもだった頃に得られなかったものを、自分自身に与えはじめたところです。

間違いを犯したときに、自分自身を咎めてしまう人は、今から予防策を準備しておきましょう。

まず、過ちを犯したばかりの自分の心の内を想像してみてください。そして、自分自身を客観的に外から見て、愛情深い言葉をかける練習をしましょう。間違いが起きたときに読むための愛情深い手紙を自分自身に書き、その手紙を常に持ち歩けるよう、財布かカバンに入れておきましょう。間違いを犯すたび、手紙を取り出して、読み上げるのです。

自分自身に愛情深く話しかけたり、手紙を書いたりするのが難しければ、先ほどのクライアントがやったように、自分の愛する人に置き換えて想像してみましょう。その後に、愛する人の名前を自分自身の名前に置き換えるのです。

染みついた習慣を変えるのには時間がかかります。もし、自分自身に30年間、ネガティブな語りかけを続けてきたとすれば、それを一朝一夕でやめることはできません。困難で長期的な練習が大いに必要です。しかし、新たな習慣が次第に身についてくると、古い習慣はゆっくりと消えていきます。

このようにすれば、たくさんの元気を得ることができます。普段ほかの人からネガティブなことを言われることもあるのに、自分まで自分に対してネガティブな語りかけをするのは、神経に負担がかかり、不健康な行為です。自分自身を認めるよう心がけましょう。

「敏感な自分」とうまく付きあう方法5

自分自身に思いやりを持つ

自分に対して思いやりを持つのをよく思わない人もいます。

セラピーでクライアントの子ども時代について話をするとき、私は、このように尋ねることがあります。

「今、心のなかに幼少期のあなたがいるとしたら、その子を見て、あなたはどう感じますか？」

答えはたいてい、「かわいそうな子」というものです。そしてその後に、「そんなこと、言っちゃいけないですよね」という言葉が続くのです。

でも、私はクライアントから「かわいそう」という言葉を聞けたことを嬉しく思います。私はそれを〝自己愛の目覚め〟と見なしています。心理セラピーを受けようとする人の大半は、自己愛が足りないのだということを目の当たりにしてきました。

同じ恨み言を何度も何度も言う人を思い浮かべてみてください。

その人が問題なのは、自分を憐れみすぎているところではありません。その人が自己愛にまったく満たされていないことです。

その自己憐憫の下には、とても大きな怒りがあり、さらにその下には、非常に大きな悲しみが隠れているのです。本人がその悲しみを受け止める勇気を持ち、自分がいかに大変だったのかを感じ、自身に共感するようになれば、同じ話を幾度となくする必要はなくなります。

私はときどきクライアントに、自分自身にハグをするか、肩を優しく叩く練習をするよう言います。たいていの人は、抵抗感を示します。でも実際やってみると、自分がいかに愛情をこめて触れられることに飢えていたのかを感じ、泣き出す人もいます。ひとしきり泣き終えると、気分がよくなります。その人はこれからの人生に生かせる新しい何かを学んだのです。

「敏感な自分」とうまく付きあう方法6

自分自身と和解する

自分自身と和解するというのは、自分が他の人にとって〝ちょっと面倒な存在〟であることを自覚し、そうした自分を受け入れることでもあります。

自分を厄介者と見なすのは、つらいことに違いありません。高い基準を自分に課し、常に周囲への気遣いを欠かさない人には、特にそうです。

HSPの人は、ときにほかの人に自制を求めざるをえない状況に直面しますが、それは非常に心を痛めることなのです。

「私は上の階に住む人のところに行って、『音量を下げてもらえませんか?』と言わなくてはならないのが本当に苦痛です。私は笑みを浮かべ、フレンドリーに振る舞おうとしましたが、きっと怒っているように見えたに違いありません。だって不快な音を聞かされ、心のなかには非常にネガティブな感情が渦巻いていたからです。相手は幸い、私の要求を大いに尊重し、受け入れてくれました」　ヘッレ（57歳）

自己との和解は人生の課題です。ＨＳＰだけでなく、すべての人にとって。

たとえば、誰しも若いときはどんな人生を生きたいか、さまざまな想像をします。しかし成長し、人生がいかに複雑なものであるか、人間が自分の人生に対しいかに非力かということに気づくにつれ、抱いた夢のいくつかをあきらめなくてはならないという現実に直面します。これも大事な和解の1つでしょう。

こういうときは持ち前の共感力を自分自身に向けて発揮することが重要です。たとえば、「もっとうまくいけばよかったよね」と自分自身に寄り添ったり、「なるようになるさ」と自分に言ってもよいでしょう。

この言葉の言外の意味はこうです。

「自分のことを好きでいられて、よかった」

「敏感な自分」とうまく付きあう方法7

心理セラピーを受けてみる

ＨＳＰは、心理セラピーから大きな恩恵を受けることがあります。ＨＳＰの人たちは家でやってくるよう出された課題をきちんとこなし、言われたことは深刻に受け止めるため、カウンセリングがスムーズに進み、効果もでやすいのです。

カウンセリングでは、セラピストとの会話の内容を深刻に受け止めないクライアントに対しては、プロセスがとぎれてしまわないよう、カウンセリングの間隔を短くする必要がありますが、私の経験では、ＨＳＰの大半は、カウンセリング後にもずっと私と交わした会話について考えをめぐらせておいてくれます。そのため、そういう人たちは、あまり頻繁にカウンセリングに来てもらう必要はありません。

しかし、逆にカウンセリングが速く進みすぎて、圧倒されて、ついて行けなくなってしまうというトラブルは、ときどき起こります。そんな時は、クライアントから聞いた内容を私が繰り返すなどします。感受性の強い人は、私が繰り返すのを聞くのをきっかけに、直ちに新たな考察をはじめることができるのです。また、クライアントが必要とするのが私からの優しい視線のみだということもあります。そうしてクライアントは自分でどうにかするのです。

セラピーをはじめる前に、私はこれからする会話の照準をどこに合わせるか、少し考えることがあります。特にＨＳＰの場合は、この準備は難しくなります。

ＨＳＰへの心理セラピーの最終目標は、多くの場合、自己愛を高めることにあります。ＨＳＰの人の多くは自尊心が低く、自分自身に高度な要求をしすぎることで、自信のなさを補おうとします。しかし、要求が高度であるがゆえに、繰り返し失敗を味わい、このことが自尊心に負の影響を及ぼします。そうした悪循環を断ち切るのです。

「敏感な自分」とうまく付きあう方法8

自分らしくいることの喜びを感じる

自分のことをHSPだと意識することで、さまざまな変化が起きます。

まず、自分がほかの人と違うということが、大して恐ろしいことでも、禁じられることでもないと感じられるようになります。また、同じ悩みを抱える人と出会えるかもしれません。

「私は歩くのが遅いのですが、『自分にとって自然なテンポで歩いてよい』と自分自身に許可をしました。これまで私は、いつもなんとか速く歩けるようペースを調整してきました。でも、その習慣ともお別れです。目的地に到着するまでに少し時間がかかるようになりましたが、そのほうが体によいと感じています」　リーサ（28歳）

ＨＳＰは、ほかの人より有能な点がある反面、困難な点が多くあるのも事実です。敏感な気質は、治療によって変えることはできません。ＨＳＰである私たちには、これからもこまめな休憩が必要ですし、ほかの人たちよりも自分自身をいたわる必要があります。

ある調査によると、ほかの猿よりも刺激に対して大きな反応を示す子猿（敏感な猿）が、落ち着きのない母猿に育てられると、大人になったときにうまくやっていけないことがわかりました。ところが同じ猿が、落ち着いた母猿のもとで育った場合、大人になったときその猿は群れのリーダーになりました。（スオミ、１９８７年）

しかし、もし満ち足りた子ども時代を過ごしてこなかったり、両親との関係が安定しておらず、それゆえ今も問題を抱えているのであっても、何もかもが失われたわけではありません。

古い傷を癒やすことはできますし、子ども時代に欠けていた愛を自分自身に与えることもできます。それができるようになったとき、ほかの人からの愛を受け取る最良の条件がそろったと言えます。

おわりに　ＨＳＰへの贈りもの

ＨＳＰの特徴について聞き、うなずき、それを認識した瞬間、涙を流す人が大勢いるかもしれません。ときには、しばらくしたあとに。

これまで会った多くのＨＳＰの人は、自分がＨＳＰだと知ってからしばらくの間、ぐったりしていたと言います。ずっと自分のことを「欠陥がある」とか「間違っている」と思っていたことがどんなに辛くて苦しいことだったか。時に痛みをともなうこの気づきが、やがて彼らの利益になると、私はどこかで感じているのかもしれません。実際に彼らは、自分らしくいる大きな勇気を得ています。

「私は自分がＨＳＰだと認識してからというもの、お昼休みにほんの少しですが、何かしら話をするようになりました。私は同僚との会話にたくさん参加するようになりました」

マヤ（38歳）

私が敏感な人たち向けの講座の参加者に何を得ることができたか尋ねたときに、よく聞く答えがありました。それは、「自分が間違っていると前よりも感じなくなってきた」というものです。

ほとんどの人は、その人生の大半において、自分たちが間違っていると認識してきており、これから起こりうる問題について、たくさんの心配事を抱えています。

「私は自殺する寸前でした。自分はどこにもまったく適応できず、何もできないと思っていたのです。そんなとき、HSPの特徴について耳にし、自分もそうだと思ったとき、急に自分のことを明るい日の下で見たような気分になりました。そうしてすべてが変わったのです」

ドーテ（52歳）

敏感という性格に注目することで、「正常」という概念が広がりました。時間のプレッシャーがあるときもうまく切り抜け、さまざまな役割を果たし、たくさんの人が働く場所でその力を発揮するタフで外向的でエネルギッシュな人だけが「正常」というわけではないのです。
同じ種のなかにも2つの非常に異なるタイプがいるという新たな見方は、競争について行くのが難しい私たちを肯定してくれます。

私たちは傷つきやすいばかりではなく、世界で必要とされるいくつかの才能を備えています。私たちはできないことだらけの人間ではありません。私たちには私たちの種が生き残るのに不可欠な資質が備わっています。

この考え方によって、敏感な神経を持つことが一層の市民権を得るようになります。あなたはホラー映画を観に映画館に行こうという誘いを断っていいのです。過度に刺激を受けてしまうことを理由に、丸1日出掛けるのを断ったって、パーティーから早く帰ったって構わないのです。

「今ならわかります。どうして私の人生はこうなのか。どうして私がこんな風に考えるのか。私はただ敏感なだけで、弱いわけでも、頭がおかしくなりそうなわけでもないと知ることは、大きな安心材料であり、解放された気分になりました。知ることで、物事を正しい枠組みにはめるという大きな自由を手に入れることができました。そして私は今、しょっちゅう断らなくてはならないことに罪悪感を覚えることもなく、前よりずっと上手に立ち回れるようになりました」

リーセ（30歳）

ＨＳＰがこれまでずっとひそかに、たくさんの言い訳をしながら行ってきたことを今や、率直に堂々と話していいのです。これは多くのＨＳＰの心を大いに解放することでしょう。

ＨＳＰにとってだけでなく、そのほかの敏感な人にとっても同じです。敏感であることは過ちではありません。それどころか、あなたの人格を豊かにしてくれるのです。

「私はＨＳＰについての本を読み、ほかの人ができることや、ほかの人から期待されることに、自分がときどきノーと言わなくてはならない理由を理解することができました。それからというもの、断るときに言い訳をいくつも探すのをやめました。『私は刺激を受けすぎたから休息が必要なの』と包み隠さず言うようになったのです」

スサンネ（35歳）

謝辞

心理セラピストのベント・ファルクに感謝します。彼の話を長年にわたりさまざまな場面で聞くことに私は喜びを感じ、存在すら気付かなかった自分の一面に気付くことができました。ニルス・ホフマイアーとゲシュタルト分析研究所からインスピレーションを得て、私は長年、研修を受け、さまざまな形式の交流について実験をしてきました。また、心理学者ペーター・ストアーゴーからも、インスピレーションを得て、彼は心理学研究の変遷を追うことの重要性を私に教え、認知療法の可能性を示してくれました。

私がセラピストとして話をしてきたすべての敏感な人、私の講座に来てくれた皆さんにも感謝します。この本に自身の体験を書くことを許してくれた方々には特に感謝します。

参考文献

『ささいなことにもすぐに「動揺」してしまうあなたへ。』エレイン・N・アーロン　講談社（2000年）
『ひといちばい敏感な子』エレイン・アーロン　1万年堂出版（2015年）
『我と汝・対話』マルティン・ブーバー　みすず書房（1978年）
『内向型人間の時代』スーザン・ケイン　講談社（2013年）
『タイプ論』C・G・ユング　みすず書房（1987年）
『ヤーロムの心理療法講義―カウンセリングの心を学ぶ85講』アーヴィン・ヤーロム　白揚社（2007年）
『繊細で生きにくいあなたへ　36の幸せヒント』テッド・ゼフ　講談社（2007年）

デンマーク語の文献

Aron, Elaine: Særligt sensitive og kærligheden. Borgen 2015

Delskov, Athina og Sonne, Lene: Sensitive børn. Aronsen 2014

Falk, Bent: At være der, hvor du er. Nyt Nordisk Forlag Arnold Busk 1996

Falk, Bent: Kærlighedens pris I & II. Anis 2005

Falk, Bent: I virkeligheden. Anis 2006

Grønkjær, Preben: Forståelse fremmer samtalen. Gyldendal 2004

Hart, Susan: Den følsomme hjerne. Reitzel 2009

Hougaard, Esben: Kognitiv behandling af panikangst og socialfobi. Dansk Psykologisk Forlag 2006

Karterud, Sigmund; Wilberg, Theresa & Urnes, Øyvind: Personlighedspsykiatri. Akademisk forlag 1013

Laney, Marti Olsen: Fordelen ved at være indadvendt. Borgen2004

Møberg, Susanne: Mindfulness for særligt sensitive mennesker. Møberg 2010

Rosenberg, Marshall B.: Ikkevoldelig kommunikation, Girafsprog. Borgen 2005

Sand, Ilse: Værktøj til hjælpsomme sjæle - især for særligt sensitive, som hjælper professionelt eller privat. Ammentorp 2014

Sand, Ilse: Kom nærmere - om kærlighed og selvbeskyttelse. Ammentorp 2013

Sand, Ilse: Find nye veje i følelsernes labyrint. Ammentorp 2011

Toustrup, Jørn: Autentisk nærvær i psykoterapi og i livet. Dansk Psykologisk Forlag 2006

英語・ドイツ語の文献

Aron, Elaine: The Highly Sensitive Person's Workbook. 2001, Broadway Books

Boyce, W.T., Chesny,M., Alkon,A, Tschann, J.M., Adams,S., Chestermann, B.; Cohen,F., Kaiser,P.; Folkmann, S., and Wara, D. (1995). Psychobiologic reactivity to stress and childhood respiratory illness: Results of two prospective studies. Psychosomatic Medicine, 57

Jaeger, Barrie: Making Work Work for the highly sensitive person. McGraw-Hill books 2004

Jung, C.G.: Vesuch Einer Darstellung Der Psychoanalytischen Theorie. 1955 by Rascher & Cie. AG., Zürich

Kagan, Jerome & Snidman, Nancy: The Long Shadow of Temperament.
Belknap Press of Harvard University Press, 2004

Kochanska, G., & Thompson, R.A. (1998). The emergence and development of conscience in toodlerhood and early Childhood. In J. E. Grusec & L. Kuczynski (Eds.). Handbook and parenting and the transmission of values. New York: Wiley

LaGasse, L., C. Gruber, and L. P. Lipsitt. 1989. The Infantile expression of avidity in relation to later assessments. University of Chicago Press.

Suomi, S. J. (1987). Genetic and maternal contributions to individual differences in rhesus monkey biobehavioral development. In N.A. Krasnegor, E.M.Blass. M A. Hofer, & W.P. Smotherman (Eds, perinatal development: A Psychobiological perspektive. New York Akademic Press.

HSPのためのアイデアリスト

HSPやそのほかの敏感な人たちに喜びや心身の健康をもたらすもの

インスピレーションを与えてくれる活動

- 本を読む
- ラジオを聴く
- 劇場に行く
- コンサートに行く
- 講演に行く
- 知恵を与えてくれる言葉を読み、そのことについて哲学的に考える

外向的になるエネルギーを与えてくれる活動

- 誰かと充実した時間を過ごす
  →たとえば、マッサージし合ったり、内的体験を共有したり、言葉を用いず互いの存在を感じ合うこと
- 子どもと過ごす

過度に刺激を受けたときにするのにお勧めの活動

体が気持ちいいと感じることをする

- ヨガ、ピラティス、または軽い運動をする
- 教室に通うエネルギーがないようなら、（できれば、インストラクターから指導を受けた後に）エクササイズＤＶＤを買うか図書館で借りるなどして、家でｌ人で練習する。
  ｌ人になりたい気分のときは、電話の電源を切り、ＤＶＤをかけ、プログラムに集中する
- ジョギング、ウエートトレーニング、サイクリング、アクアフィットネスなどのエクササイズをする
- ダンスをする
- 家でただ音楽をかけ、
  内から溢れる欲求に身を任せ、体を自然と動かす
  （これは同時に、いい運動にもなる）
- 熱いお風呂に入るか、足湯につかる
- 自分でフェイシャルマッサージ、ハンドマッサージ、フットマッサージ、ボディーマッサージをする
  →ロウソクをともして、音楽を聴きながらやるのもおすすめ。
  夏なら屋外でも◎

自然のなかで過ごす

- 庭か窓辺に植物を植え、その成長を楽しみに見守る
- 植物のお世話をする

- 庭仕事をする
- ハイキングする
- 美しい自然のなかで食事をする
  →ＨＳＰはレストランで座っているよりも、夏にはテイクアウトして、自然のなかで食べることを大いに楽しむ人が多い。
  屋内で知らない人ばかりのなかで座っているよりも、ずっと刺激を受けにくい。
- 鳥がさえずり、水が波打ち、波が音を立てる自然のなか、寝袋とマットを広げる。座って瞑想するか、横になって昼寝をする（めまいを感じないよう、30分以内にしておく）
- 冬に寝袋とマットと暖かい飲み物を入れた水筒を持って、自然のなかに行く
- ハンモックに横になって空や木のこずえを見上げる
- カヤックに乗る
- 傘を持って、雨のなかや自然のなかを散歩し、傘に打ちつける雨の滴の音と、雨で強まった自然の香りを味わう

自己表現する

- 楽器の演奏をするか、歌を歌う
- 文章や詩、手紙、日記を書く

クリエイティブになる

- 花束をつくる
- 陶芸をする

●絵を描く

●彫刻を彫る

自分の五感を喜ばせる

●よい香りの花を買ったり、
好みの香りのオイルをアロマランプで焚く

●おいしいご飯をつくって、食べる

●芸術鑑賞をする

●音楽を聴く

●整理整頓や掃除をして、美しいテーブルクロスを敷き、
心地よさを堪能する

●温かい土や砂の上を素足で歩く

●日なたぼっこする

魂を穏やかにする

●瞑想する

●マインドフルネスを実践するか、ヨガをする

●ストレッチする

●心を空っぽにする

●思考と空想を広げる

●眺めのよい場所を探し、そこに座って、静かに考える

●座って炎を見つめる

→喉をごろごろ鳴らす猫などと暖炉の前に座ればなおよいでしょう。

動物との交流を楽しむ

●猫と遊ぶ

●動物をかわいがる

●馬をブラッシングするか、背中に乗る

●水族館に行く

●鳥に餌をあげる

●犬の散歩に行く

Highly
Sensitive
Person

鈍感な世界に生きる 敏感な人たち

発行日　2016年10月15日　第１刷
　　　　2018年９月14日　第８刷

Author　イルセ・サン

Translator　枇谷玲子
Book Designer　石間　淳

Publication　株式会社ディスカヴァー・トゥエンティワン
〒102-0093　東京都千代田区平河町2-16-1 平河町森タワー11F
TEL　03-3237-8321（代表）
FAX　03-3237-8323
http://www.d21.co.jp

Publisher　干場弓子
Editor　石橋和佳＋木下智尋

Marketing Group
Staff　小田孝文　井筒浩　千葉潤子　飯田智樹　佐藤昌幸　谷口奈緒美
古矢薫　蛯原昇　安永智洋　鍋田匠伴　榊原僚　佐竹祐哉　廣内悠理
梅本翔太　田中姫菜　橋本莉奈　川島理　庄司知世　谷中卓　小木曽礼丈
越野志絵良　佐々木玲奈　高橋雛乃

Productive Group
Staff　藤田浩芳　千葉正幸　原典宏　林秀樹　三谷祐一　大山聡子　大竹朝子
堀部直人　林拓馬　塔下太朗　松石悠　渡辺基志

E-Business Group
Staff　清水達也　松原史与志　中澤泰宏　西川なつか　伊東佑真　牧野類
倉田華　伊藤光太郎　高良彰子　佐藤淳基

Global & Public Relations Group
Staff　郭迪　田中亜紀　杉田彰子　奥田千晶　李瑋玲　連苑如

Operations & Accounting Group
Staff　山中麻吏　小関勝則　小田木もも　池田望　福永友紀

Assistant Staff　俵敬子　町田加奈子　丸山香織　井澤徳子　藤井多穂子　藤井かおり
葛目美枝子　伊藤香　鈴木洋子　石橋佐知子　伊藤由美　畑野衣見
井上竜之介　斎藤悠人　平井聡一郎　宮崎陽子

Proofreader　株式会社鷗来堂
DTP　朝日メディアインターナショナル株式会社
Printing　中央精版印刷株式会社

ISBN978-4-7993-1978-9